Euskirchen und seine Franziskaner –
Das Werden der Südstadtgemeinde 1916-2010

Euskirchen und seine Franziskaner

Das Werden der Südstadtgemeinde

1916-2010

Gedruckt mit Unterstützung der Pfarrei St. Martin, Euskirchen

Redaktion und Gestaltung: Reinhold Weitz und Ernst Werner

Gesamtherstellung: Rheinische Druck- und Verlagsgesellschaft Liebe & Pabst GmbH, Weilerswist

ISBN 978-3-944566-04-7

Vorwort

Fast hundert Jahre haben die Brüder des Franziskanerordens in unserer Stadt gelebt und gewirkt Am 7. November 2010 sind sie aus Euskirchen weggegangen. Viele Spuren haben sie hinterlassen – äußerliche und spirituelle.

Die Anwesenheit der Franziskaner hat die Südstadt städtebaulich und gesellschaftlich mitgeprägt. Im Wechselverhältnis zwischen der Entwicklung dieses Stadtviertels und dem Erstarken der Ordensniederlassung ist die Südstadt zur „Südstadt" geworden und die Geschichte der Pfarrei St. Matthias ohne das Wirken der Franziskaner nicht denkbar. So ist die Auflösung des Franziskanerkonvents Grund genug, das Wirken der Ordensleute in Euskirchen zu beschreiben und zu würdigen.

Eine Leitfrage bei der Arbeit an der vorliegenden Publikation geht dem franziskanischen Profil nach: Worin lag das typisch „Franziskanische", wo und wie ist hier der „franziskanische Geist" zum Ausdruck gekommen? So versteht es sich, dass weder eine systematisch umfassende Chronik des Franziskanerkonvents in Euskirchen noch eine detaillierte Geschichte der Pfarrei St. Matthias vorgelegt werden soll. Eine Festschrift mit Beiträgen über die Pfarrei als Organisationsverband mit Vereinen und Arbeitskreisen war nicht beabsichtigt. Wir möchten vielmehr versuchen, dem Wirken der Franziskaner als dem Orden der „kleinen Brüder" des heiligen Franziskus nachzugehen.

Diese Zielsetzung wird in drei Abschnitten entfaltet: Das erste Kapitel steht unter einer historischen Perspektive und befasst sich ausführlich mit der Baukonzeption und Architektur der Klosterkirche(n) als Spiegelungen des „franziskanischen Geistes". In einem zweiten Abschnitt geht es um die franziskanische Seelsorge in der Pfarrei St. Matthias in der Zeit nach dem 2. Vatikanischen Konzil. Und schließlich werden im dritten Kapitel biografische Erinnerungen zum Wirken einzelner Franziskaner zusammengetragen.

Eine wesentliche Arbeitsgrundlage für das Buch waren neben den schriftlichen Quellen persönliche Erinnerungen von Gemeindemitgliedern, alten Euskirchenern und einzelnen Seelsorgern. Dieser erfahrungsorientierte Ansatz ist ein exemplarisches Gestaltungselement und führt zu einer Art der Darstellung, die nicht unter systematisch wissenschaftlichen Kriterien, seien sie geschichtlicher oder pastoraltheologischer Natur, gesehen werden kann. Auch die durchaus subjektive Auswahl des gesamten Materials und ihre deutende Darstellung durch die Verfasser sind gewollt und entsprechen den Intentionen des Buches. Wenn wir dazu beitragen können, die Erinnerungen an das langjährige Wirken der Franziskaner in Euskirchen lebendig zu halten, haben wir das Ziel unserer Publikation erreicht.

Pax et Bonum

Ernst Werner und Reinhold Weitz
Im Januar 2013

Danksagung

Ohne die Mithilfe vieler wäre diese Veröffentlichung möglich geworden. Den nachfolgend aufgeführten Personen und Institutionen sind wir zu Dank verpflichtet:

Der Ordensarchivar P. Herbert Schneider hat uns bereitwillig das Archiv der Kölnischen Franziskanerprovinz in Mönchengladbach geöffnet. Von Frau Birgit Löhr, der dortigen Verwalterin, sind wir tatkräftig unterstützt worden. Im Pfarrarchiv St. Martin hat uns Herr Burkhard Krieger zeitaufwändig und großzügig geholfen.

Ein besonderer Dank gilt den früheren Seelsorgern und den Zeitzeugen, die uns Auskünfte erteilt oder Aufzeichnungen übergeben haben:
P. Ansgar Kratz,
Br. Franz-Leo Barden,
Br. Tobias Ewald und
Br. Markus Fuhrmann
sowie
Heinrich Blass,
Paul Bungartz,
Karl-Heinz Decker,
Pfr. Josef Embgenbroich
Rolf Kips,
Gertrud Rogmans,
Liesel Schaffartzik,
Waltraud Scheffen ,
Klaus Thiel,
Otto Werner,
Ulla Werner,
Stephan Winand.

Zahlreiche Abbildungen sind den privaten Fotosammlungen entnommen. Wir danken Karl Grypstra, Werner Jacobs und Karl Sina, der uns bei der fotografischen Bearbeitung eine große Hilfe war.

Dem Kirchenvorstand der Pfarrei St. Martin danken wir für finanzielle Unterstützung.

Geleitwort

Pfarrer Max Offermann

Unsere heutige Stadtpfarrei St. Martin ist aus der Zusammenlegung von drei – früher selbstständigen - Pfarrgemeinden entstanden: St. Martin, Herz-Jesu und St. Matthias. Jede dieser Pfarreien brachte ihre eigene Geschichte und Prägung in die neue Großpfarrei mit ein.

Unter dem gemeinsamen Dach leben nun drei „Geschwister", die unterschiedlich geraten sind und ihr je eigenes Profil entwickelt haben. Sie sind aber verpflichtet, Gemeinsames und Verbindendes in den Blick zu nehmen und zu gestalten. Sie sollten jedoch zugleich ihre eigene Prägung behalten und weiterentwickeln. Ziel ist es, die Katholische Kirchengemeinde St. Martin in vielfältiger Lebendigkeit als „Kirche vor Ort" zu formen und zu leben.

Die jüngste der ehemaligen Pfarrgemeinden ist St. Matthias. Die Entwicklung dieser Pfarrei ist wesentlich von den Franziskanern geprägt worden, die in der Zeit von 1916 bis 2010 in Euskirchen gelebt und gewirkt haben. Die Geschichte des Konvents, die Baugeschichte von Kloster und Kirche in der Südstadt und der Werdegang der Gemeinde St. Matthias bilden sozusagen das „Erbe", das in die neue Pfarrei St. Martin eingebracht wurde.

Dies zu beschreiben und für die Zeit nach dem Abschied der Franziskaner festzuhalten, ist die Intention des vorliegenden Buches.

Als Pastor von St. Martin wünsche ich, dass diese Publikation zum Verstehen der komplexen Situation unserer Pfarrgemeinde beiträgt, die Einigkeit zwischen den drei Kirchen unserer Stadt vertieft und damit das Zusammenwirken an der gemeinsamen Sendung bestärkt.

Euskirchen, im März 2013

Inhalt

Vorwort 5

Geleitwort 7

1. Kapitel

Ein Kloster und eine Kirche für die Südstadt
– Wie die Gemeinde St. Matthias entstand 11
von Reinhold Weitz

Die Anfänge des franziskanischen Lebens in Euskirchen 1916
– Ein Zufall? 12
Der Bau von Kloster und Kirche 1926 – Auch nur ein Provisorium 17
Die Gründung des Pfarr-Rektorats 1941
– Auf dem Weg zur selbstständigen Gemeinde 23
Kloster und Konvent in den Kriegsjahren 27
Das „St. Franziskus-Studienheim" – Eine neue Aufgabe 1948-1955 29
Der Kirchenumbau 1956 – Fast am Ziel 41
Die Gründung der Pfarrei und die Bautätigkeit der 1960er Jahre 46
Das Kirchenzentrum St. Matthias
– Seine Baukonzeption und Baugeschichte 48
Die Architektur des Kirchenzentrums und das örtliche Bauverständnis 55
Der Architekt und seine Bauideen –
Wie die neue Kirche zur neuen Pfarrei passt 58
Die Entwicklung zum Kirchenzentrum
– Bau des Kindergartens und Forums 59
Anhang: Kirchenarchitektur und Kirchenausstattung 64

2. Kapitel

Die Pfarrei St. Matthias nach dem 2. Vatikanischen Konzil
– Gemeindepastoral im franziskanischen Geist 79
von Ernst Werner

P. Ansgar Kratz: Die Pfarrei wird zur Gemeinde 81
Akzentverschiebungen: Die Gemeinde unter P. Matthias Utters 87
Unruhige Jahre: Gemeinde contra Provinzleitung 90
Die Gemeinde in den 1980er Jahren: P. Wendelin Reisch 92

P. Ansgar kehrt zurück – Br. Franz-Leo wird Pfarrer:
Die Gemeinde in der Zeit zwischen 1992 und 2004 95
Der Weg zur Fusion 107
Die Fusion aus der Sicht der Seelsorger 108
Zur Präsenz der Franziskaner in der Innenstadt... 110
Abschied von den Franziskanern 110

3. Kapitel

Spuren des Franziskanischen – Erinnerungen und biografische Fragmente zum Wirken einzelner Franziskaner 115
von Ernst Werner

Wie ich die „Päterchen" erlebte 118
Die Pfarrrektoren: 1941-1968 120
Franziskaner am Emil-Fischer-Gymnasium... 124
Die „Theologen" 126
Brüder im Euskirchener Franziskanerkloster 128
An die man sich gerne erinnert... 129

Schlussbetrachtung – Unter dem Damianokreuz.. 137

1. Kapitel

Ein Kloster und eine Kirche für die Südstadt - Wie die Gemeinde St. Matthias entstand

von Reinhold Weitz

Fast ein Jahrhundert haben Franziskaner in unserer Stadt gelebt und gewirkt. Es war eine späte Begegnung zwischen einer kleinstädtischen Bevölkerung und den Ordensleuten. Wenn man auf die Anfänge schaut, glich sie eher einer Zufallsbekanntschaft. Im Rückblick erwies sie sich aber von unerwarteter Dauer und Prägekraft. Was mit Notbehelfen begann und ein halbes Säkulum in und mit Provisorien zurechtkommen musste, entfaltete ein gestalterisches Prinzip. Heute - und vor dem Hintergrund der Bettelordensregel, können die Vorläufigkeiten der kirchenrechtlichen Lage ebenso wie die des baulichen Erscheinungsbildes von Gotteshaus und Kloster als eine franziskanische Eigenart gedeutet werden und zugleich im Sinne des II. Vatikanums für ein Selbstverständnis von Kirche und Gemeinde als „Volk Gottes unterwegs" stehen.

Der Historiker darf sogar im scheinbaren Widerspruch behaupten, dass gerade aus der Notwendigkeit, sich immer erneut anpassen zu müssen und zu improvisieren, am Ende ein stabiles Kräfteverhältnis entstand. Zivilgemeinde und Kirchengemeinde entwickelten sich wechselseitig. Aus der Anfang des 20. Jahrhunderts noch gestaltlosen „Südstadt" war schließlich ein Stadtviertel mit unverwechselbarem Profil geworden. Das galt (und gilt) für die Art der Seelsorge wie für das Gesellschaftsleben. Der folgende Beitrag hat das Ziel, die Gemeindegeschichte von St. Matthias als Teil der Stadtgeschichte darzustellen und in der Architektur der alten und neuen Klosterkirche den franziskanischen Geist aufzuspüren und aufzuzeigen. Aus der zeitlichen Distanz und mit dem profanen Blick von außen können vor allem die architektonischen Zeugnisse als eine lokale Spiegelung der geistlichen Ideen des Ordens und der nachkonziliaren Pastoral verstanden werden.

Die Anfänge des franziskanischen Lebens in Euskirchen 1916 – Ein Zufall?

Über die Anfänge der heutigen katholischen Südstadtpfarrei sind wir gut im Bilde. Wir kennen die Beweggründe und die Personen der Handlung, mit der ein vielschichtiges spannendes Kapitel der Euskirchener Historie aufgeschlagen wird. Ein ganzes Bündel von Motiven überlagert sich. Um 1900 in der wilhelminischen Kaiserzeit wurde die Kleinstadt zu einem selbstbewussten Gewerbeort „im Emporblühen" – wie es amtlich hieß, der wirtschaftlich erstarkte und dessen Bevölkerung sich in einer Generation verdoppelte. Südlich der Eisenbahnlinie hatten sich nicht nur Industriebetriebe angesiedelt und waren Arbeiterwohnungen gebaut worden, sondern es entwickelte sich mit der Errichtung des Gymnasiums auch ein Villenviertel für das gehobene Bürgertum. Erste Streiks und Parteiversammlungen der Sozialdemokraten machten Spannungen im herkömmlichen Sozialgefüge der Stadt, die katholisch und konservativ bestimmt war, sichtbar. Die traditionelle Altstadtpfarre St. Martin hatte unter ihrem Dechanten Tillmann Stollmann 1906-1908 die neue Kirche Herz-Jesu mit eigenem Rektorat geschaffen. Unter dem jungen Bürgermeister Gottfried Disse wurde die erfolgreiche Arbeit, staatliche Einrichtungen an den Ort zu holen, fortgesetzt: Euskirchen wurde Garnison und erstarkte als Schul- und Dienstleistungszentrum.[1]

In diesem Umfeld von kirchlich-administrativen Neuerungen, expansiver Stadtentwicklung und der Suche nach einem neuen städtischen Wir-Gefühl steht die Ankunft der Franziskaner. Schon 1910 hatte die örtliche Pfarrgeistlichkeit gegenüber dem Kölner Erzbischof den Antrag auf Entlastung durch eine Aushilfsseelsorge geäußert. Im Frühjahr 1913 bat die Stadt die Sächsische Franziskanerprovinz um eine Niederlassung. Am 17. Juni 1914 bewilligte Kardinal Hartmann eine Klostergründung. Dem preußischen Kultusministerium in Berlin wurde am 12. September 1914 ein Genehmigungsantrag vorgelegt, dem ein Jahr später am 14. September 1915 stattgegeben wurde. Die Urkunde aus Rom erfolgte mit Datum vom 14. April 1916, so dass die ersten drei Patres mit einem Bruder am 1. Mai 1916 die „Residenz" in den Mietshäusern auf der Münstereifeler Straße 85 - 87 beziehen konnten.[2]

Soweit die Daten der Gründungsphase. Sie haben ihre eigene Dramaturgie und lassen die Schwierigkeiten nur erahnen, die überwunden werden mussten. Die Gesetzgebung aus der Kulturkampfzeit gestattete Klosterneugründungen nur eingeschränkt und unter Auflagen. Die beteiligten Personen und Stellen hatten mehrere, einander oft widersprechende Gründe und die allgemeinen Zeitumstände hatten sich geändert. Gesprächspartner und Argumente der Euskirchener Antragsteller wechselten infolgedessen. Der örtliche Klerus war überlastet und suchte für die wachsenden Aufgaben personelle Hilfe in der sogenannten „außerordentlichen Seelsorge", wozu Volksmissionen und Exerzitien, Beichten und geistliche Unterweisung für bestimmte Berufs- und Altersgruppen zählten. Pfarrer Stollmann war in Euskirchen zwar erfolgreich bei der Neuordnung der kirchlichen Verhältnisse, hatte jedoch nicht mehr die Kraft, selbst einen weiteren Seelsorgebezirk aufzubauen, und beurteilte auch die Erfolgsaussichten für eine Ordensniederlassung skeptisch - eine Haltung, die vom Kölner Generalvikariat geteilt wurde.

Die entscheidenden Initiativen gingen von weltlicher Seite aus, vor allem von der Stadtspitze mit Bürgermeister Gottfried Disse und dem Beigeordneten Engelbert Goebel. Ihre Wunschvorstellung, die beim Kaiser in hohem Prestige stehenden Benediktiner zu berufen, schlug allerdings fehl. Die Äbte in Maria Laach und Siegburg lehnten ein Priorat im industrialisierten, traditionslosen Euskirchen ab. Ein anderer Orden musste gesucht werden, und hier half der Zufall, der sich im Nachhinein als glücklicher Zufall erwies. Nachdem in der geplanten Kaserne ein Militärlazarett nicht mehr vorgesehen wurde, erübrigten sich weitere Kontakte zu dem Krankenpflegeorden der Brüder aus Grand Halleux, so dass die Bekanntschaft Goebels mit dem aus dem Nachbarkreis Rheinbach stammenden Kölner Franziskaner und Dompönitentiar P. Timotheus Lanzerath entscheidend wurde. Dieser griff das Anliegen auf und überzeugte mit Beredsamkeit und Überzeugungskraft die Stadt von der Möglichkeit eines franziskanischen Männerklosters. Was von der Erinnerung her an die Geschichte der Euskirchener Kapuziner - einem Zweig der Franziskaner, nahe lag und was der Bürgermeister unterstützte, der aus seiner Paderborner Jugend die Franziskaner kannte, schien für Euskirchen nun die beste Lösung zu sein.

Bei ihrer Umsetzung mussten Hemmnisse überwunden und Unterstützer gesucht werden. Eine rege Korrespondenz entstand und ist überliefert.[3] Zuständige Genehmigungsbehörde war die Kölner Bezirksregierung. Ihr Präsident Dr. Steinmeister wollte – so Bürgermeister Disse in der Rückschau[4], „im Interesse des konfessionellen Friedens" der Gründung nicht zustimmen. Dahinter stand die Tatsache, dass der Regierungspräsident sich anscheinend wegen der Zulassung von mehreren Ordensniederlassungen die Kritik einiger evangelischer Kreise zugezogen hatte. Die zahlreichen Gesuche und Demarchen durch Landrat, Bürgermeister und Stadtverordnete, den Ordensprovinzial und Dechanten sowie eine Petition aus der Bevölkerung waren anfangs erfolglos. Um die Angelegenheit voranzubringen, wandten sich die Antragsteller schließlich über den besonders religiös eingestellten Reichstagsabgeordneten Prof. Dr. Faßbender an das Berliner Kultusministerium.

Der Zentrumspolitiker „begeisterte sich für den Klosterplan", engagierte sich mit Nachdruck und lieferte die entscheidende Argumentation. Im Kern lief sie auf die Formel hinaus, „Seelsorge und Patriotismus" zu verbinden. Euskirchen besitze eine „bedeutende und stetig wachsende Industrie" und aus dem „Zu- und Abströmen der Bevölkerung" entstünden „Gefahren für das religiöse Leben", dem nur mit einer besonderen „Hausseelsorge" begegnet werden könne. Ordensmänner könnten durch ihr Wort und Wirken ein Beispiel geben bei all jenen, die vom Lande in die Stadt abwandern und damit „destruktiven Bestrebungen" ausgesetzt seien. „Da gilt es, den christlichen Glauben zu erhalten und mit der religiösen Überzeugung auch tatkräftige Vaterlandsliebe zu pflegen."[5] Mit dieser Logik brachte der Antrag vom 14.9.1914 des Provinzialoberen und späteren ersten Präses der Euskirchener Niederlassung, P. Richard Breisig, den Katholizismus als staatserhaltende Kraft in Stellung. Er schwächte damit allerdings einen Begründungszusammenhang ab, der vorher noch innen- und parteipolitischer ausgefallen war und durch den kaiserlichen Appell zum „Burgfrieden" bei Ausbruch des Weltkriegs hinfällig wurde: Der Abgeordnete Faßbender hatte im April geraten, „das Anwachsen der Sozialdemokratie in der Arbeiterbevölkerung von Euskirchen" hervorzuheben und zu zeigen, wie das geplante Kloster „in dieser Beziehung zu wirken imstande sein wird".[6]

Außer dem kirchlich-religiösen Argument, dem ein politisches nachgeschoben wurde, war für die Euskirchener der städtebauliche Aspekt immer ein originäres Anliegen. Mit dem Optimismus des Kaiserreichs hatte man hier schon im ersten Jahrzehnt des letzten Jahrhunderts eine Bauplanung vorgelegt, die vom damals bekanntesten Stadtplaner Prof. Henrici aus Aachen zu einer Art Masterplan für eine zukünftige Mittelstadt weiter entwickelt wurde. In ihm war ein Areal für eine „Südstadtkirche" vorgesehen, die am Schnittpunkt von Münstereifeler- und Ringstraße das Erscheinungsbild des neuen Viertels prägen sollte.[7] Diese Idee griffen die Antragsteller nun auf und hofften, mit der Klostergründung auch eine verstärkte Bautätigkeit in der Umgebung zu bewirken. Die Lösung der Klosterfrage sollte die Stadtentwicklung voranbringen. Wenn aus der Vision zu Anfang nichts wurde, so lag das an den Engpässen sowie den wirtschaftlichen Zwängen des Ersten Weltkriegs und den Nöten der Inflations- und Besatzungszeit. Bei den Verhandlungen mit dem Franziskanerorden jedenfalls hatten die städtischen Vertreter diesem schon im November 1915 zu einem Bauplatz von ca. 6,5 Morgen verholfen, der an der östlichen Seite der Münstereifeler Straße gegenüber der Villa Rheinland lag und somit unweit der im Bebauungsplan vorgesehenen Stelle für eine Kirche. Weil die Franziskaner wegen ihres Armutsideals keinen Besitz haben dürfen, wurde der Kauf durch einen bürgerlichen Kölner Mittelsmann im Auftrag des Paderborner Franziskanerklosters vollzogen, das grundrechtlich als Gemeinschaftseigentümer auftrat. Die Ordensprovinz hatte bereits zu diesem Zeitpunkt ein erhebliches Grundkapital für den Neubau zurückgelegt.[8] Der kam in den Kriegs- und Krisenjahren nicht zustande, und das anfängliche Provisorium in den Mietshäusern hatte eine ganze Dekade Bestand. Eine

Erste franziskanische Niederlassung in Euskirchen 1916-1926 an der
Münstereifeler Str. 85-87

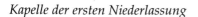

Kapelle der ersten Niederlassung

Bürgermeister Gottfried Disse um 1920

Voraussetzung für eine tragfähige zukünftige Entwicklung war der Tausch des ersten Grundstücks. Vor allem auf Drängen des Stadtbaumeisters Leven war es 1918 gegen mehrere Parzellen[9] zwischen Münstereifeler Straße, Ring und „Stadtgartenstraße"(heute Gottfried-Disse-Straße) getauscht worden, so dass nichts mehr dem ursprünglichen städtebaulichen Konzept im Wege stand – „eine Lage, wie sie sich nach dem Urteil Ortskundiger, in Euskirchen wohl nicht besser finden lässt".[10]

Im Mai 1916 kam es dann zur Gründung der Niederlassung. „Die Drangsale des Krieges zwang die engherzige protestantische Regierung Preußens, den Wünschen der katholischen Volkskreise Rechnung zu tragen", so dass „recht plötzlich" die Genehmigungen aus Berlin eingetroffen waren, „die vielleicht in anderen Zeiten noch in langen Jahren nicht erteilt worden wären". So urteilte jedenfalls der Mitakteur und Förderer der örtlichen Franziskaner, Bürgermeister Gottfried Disse, in einem Zeitungsartikel von 1926. Als am 3. Mai 1916 die Einsegnung der provisorischen Kapelle erfolgt war, konnte die Arbeit der kleinen Gemeinschaft beginnen. Zu ihr gehörten neben dem ehemaligen Provinzial P. Richard die Patres Fridolin Otten und Franziskus Sturm sowie Bruder Leovigild Andres. Ihre „segensreiche Tätigkeit" galt der „verbesserten Seelsorge in der Nordeifel". Von der Stadt aus halfen sie den Pastören auch der umliegenden Landgemeinden mit Predigten und Volksmissionen, mit Beichte hören und Krankenseelsorge sowie bei Schwesterkongregationen und Priesterkonferenzen. Für den Weltklerus erwiesen sich die Franziskaner als willkommene Aushilfsseelsorger, die unattraktive Aufgaben übernahmen. Die städtischerseits erwartete Jugendarbeit betraf allerdings weniger die jugendlichen Arbeiter als die Gymnasiasten. Auf dringende Bitten von Bürgermeister und Schuldirektor hatte man 1917 angefangen, die Schüler des Gymnasiums um sich zu sammeln und die häuslichen Aufgaben zu betreuen. Ein freiwilliges Silentium mit Nachhilfe begann mit dem Winterhalbjahr unter Leitung von P. Didymus in einem Saal des Gesellenhauses. Trotz großer Nachfrage musste das Projekt nach vier Wochen abgebrochen werden. Obwohl keine Lehrtätigkeit ausgeübt wurde, verbot es die Bezirksregierung gerade mit dieser Begründung. Spätere Beschwerden durch die Abgeordneten Marx und Faßbender sowie den Grafen Galen im Herrenhaus wurden im Februar 1918 als unbegründet abgelehnt – unter Berufung auf das Gesetz von 1887, das Orden eine Lehrtätigkeit in Schulen untersagte.[11]

Die Bilanz der Gründungsphase zeigt bereits alle typischen Merkmale, unter denen die Ordensgemeinschaft in Euskirchen gelebt und gewirkt hat: Sie waren Helfer in der Seelsorge und nur mittelbar in die kirchenamtlichen Strukturen eingebunden. Sie übernahmen mit Kloster und Kirche eine Funktion für die Stadtentwicklung. Sie fanden große Unterstützung und Rückhalt bei den Laien und in der Zivilgemeinde.

Der Bau von Kloster und Kirche 1926 –
Auch nur ein Provisorium

Es lag nahe, dass die Niederlassung in den Privathäusern der Münstereifeler Straße nur vorläufig sein konnte. Der Grundstückserwerb und -tausch ab 1915 gab den Rahmen für die Bauplanung vor. Sie konnte am 25. August 1925 mit der kirchlichen Einsegnung eines Klosterneubaus am Schnittpunkt von Münstereifeler Straße und Eifelring – und damit am städtebaulich vorgesehenen Standort, abgeschlossen werden. Entstanden war das „alte Kloster“, eine zweiflügelige Anlage, die bis heute in Grundriss und Aufbau erkennbar ist. Die Baugeschichte belegt auf anschauliche Weise die franziskanische Lebensregel, mit den ihnen anbefohlenen Menschen zusammenzuarbeiten und sich gegen die Nöte der Zeit in froher Zuversicht ans Werk zu machen. Oder wie es in einer Ordensschrift heißt, „ sich davon zu überzeugen, mit wie wenig Mitteln und vielleicht noch weniger Geschick das Kloster und insbesondere die Kapelle gebaut wurden“.[12] Die Patres hatten schnell „die Herzen der Euskirchener und der weiten Umgebung bis hoch in die Eifel“[13] gewonnen und besaßen den Rückhalt in der Bevölkerung.

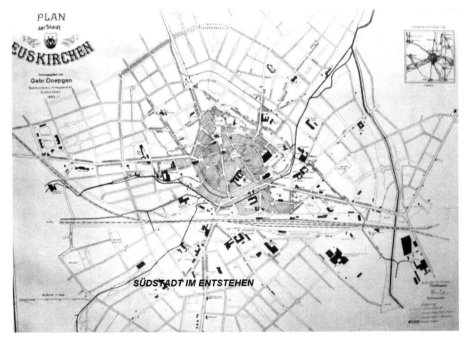

Euskirchen 1924: Stadtplan mit projektierten Straßen und beginnendem Stadtausbau südl. der Bahnlinie

Was in den Krisenjahren nach dem Ersten Weltkrieg geschaffen wurde, war das unerwartbare und erfolgreiche Gemeinschaftswerk von mönchischen Aktivisten und engagierten Bürgern. Die Bauarbeiten lesen sich wie ein Lehrstück über einen Orden, dessen Armutsgelöbnis nur über das Betteln (terminieren) zum Besitz von materiellem Hab und Gut führt. Und in der Tat ist es ein spannendes Kapitel zu lesen, wer alles und wann und womit sich am Bau der ersten franziskanischen Niederlassung beteiligt hat – freiwillig, überzeugt oder mit sanftem Zwang.

Dem Orden fehlte das Geld und die Stadt Euskirchen „verlangte nach einer Kirche" – so war die Situation. Vor allem die Bewohner der „Südstadt", zu deren Sprecher Bürgermeister Disse wurde, der zudem noch in unmittelbarer Nähe des neuen Klosters wohnte, drängten hartnäckig. Bereits 1919 hatte der Stadtbaumeister Leven erste Bauzeichnungen angefertigt, die Baukommission des Ordens hatte 1920 eine Baugenehmigung erteilt. Dass es trotzdem nicht zügig weiter ging, lag an den Zeitumständen. Zuerst musste die englische Besatzungsmacht, die in der Nähe ein militärisches Barackenlager errichtet hatte, von einer Beschlagnahmung des Terrains abgehalten werden. 1921 konnte erst nach mehrfacher deutscher Intervention ein Zugriff der französischen Garnison auf das Grundstück verhindert werden, die es als Exerzierplatz nutzen wollte. Das Oberkommando der französischen Rheinarmee gab das Areal frei, allerdings nur zu Bauzwecken.[14] Paradoxerweise vermehrte das den Druck, den Klosterplan umzusetzen. Da mit der fortschreitenden Inflation die Eigenmittel des Ordens immer mehr schrumpften, verzögerte nun aber aus Kostengründen das Provinzialat den Baubeginn, und 1923, im Jahr des Ruhrkampfs und der Separatisten, war an Bauarbeiten überhaupt nicht zu denken. Erst mit dem neuen Euskirchener Präses P. Liberius Hosbach kam das Projekt voran. Er hatte den ausdrücklichen „Auftrag zum Klosterbau in 1925". Zusammen mit dem gelernten Maurer Br. Matthias Westermann wurden beide die treibenden Kräfte beim Neubau. Auf Seiten der Stadt leisteten ihnen der Bürgermeister und der städtische Baumeister tatkräftige Hilfe.

Als im August 1926 die Patres umzogen und die neuen Gebäude „unter lebhafter Anteilnahme der Bevölkerung" - an dem sich auch Protestanten beteiligten, im Flaggenschmuck eingeweiht wurden, konnte sich das Ergebnis sehen lassen. Der Bürgermeister erinnerte in seiner Rede bewusst an das „Zentenarjahr des großen, heute so modern gewordenen Heiligen von Assisi" und bewertete die bescheidenen, aber wuchtigen Formen des Klosters als ein „ansehnliches Bauwerk neben anderen öffentlichen Bauten der Südstadt".[15] Von der vorgesehenen vierflügeligen Anlage eines Quadrums war allerdings nur ein Teil verwirklicht worden. Nach dem Vorbild älterer neo-barocker Ordenshäuser in Westfalen hatte unter Assistenz eines Paters der Baumeister Leven unentgeltliche Entwürfe gezeichnet, die für die Kirche ursprünglich einen Trakt in Ost-West-Richtung am Eifelring vorsahen. Er wurde ebenso wenig umgesetzt wie ein nur sakral genutzter Ostflügel an der Münstereifeler Straße. Was blieb, war eine „Notkirche", ein Provisorium mit zwei übereinander liegenden Fensterreihen und einem Kirchenraum, der seine Höhe und Breite durch Verzicht auf eine Zwischendecke und Wände gewonnen hatte. Der Zugang erfolgte durch ein mit dem Franziskanerwappen geschmücktes Portal. Am 20. April 1925 war der Grundstein gelegt worden, der Rohbau stand bereits im September des Jahres, die Außenarbeiten waren im Dezember beendet. Nach der Kirchweihe am 25.August 1926 konnte im Laufe der Jahre 1927-1930 der weitläufige Garten angelegt und die Inneneinrichtung der Kapelle vervollständigt werden. Der Glockenturm nach Levens Plänen in Form eines sechseckigen Dachreiters kam 1931 hinzu.

Einweihung des neuen Klosters mit Kapelle 1926 an der Münstereifeler Str. 96

P. Liberius Hosbach

Br. Matthias Westermann

Von einer richtigen „Südstadtkirche" war der Notbau noch weit entfernt, und „doch blieb das unzulängliche Gotteshaus noch 30 Jahre in Benutzung", wie es eine spätere franziskanische Quelle ausdrückt, ehe ein gründlicher Umbau erfolgte. Man hoffte auf wirtschaftlich bessere Zeiten, war aber mit Recht stolz auf das Erreichte. Unter den Gästen der Kirchweihe waren neben den oben genannten Repräsentanten der Stadt der Fabrikant Franz Frings, der Landwirt Peter Pütz aus Billig, der Sanitätsrat Dr. Romberg, Oberpfarrer Bartels von der Erziehungsanstalt Erlenhof und der spätere Theologieprofessor Karl Eschweiler, der Bauunternehmer Theodor Reitz und Direktor Peter Weber von den Westdeutschen Steinzeugwerken. Es entstand nicht nur „eine treue Gemeinde", wie Disse urteilte. Die Namensliste gibt erste Hinweise auf ein soziales Netzwerk, das die „Chausseepatres" bei ihrer Seelsorge über Land und auf ihren sog. Bettelgängen aufgebaut hatten. Es hatte sich im zurückliegenden Bauprozess bewährt und war von P. Liberius bei seinen Reisen über die Dörfer noch um manche Bauern ergänzt worden. Wer in seinen Jahresberichten aus der Bauzeit liest, findet die Einzelheiten und Belege für diese Sonderform von Gemeindearbeit, die aus dem Mangel kam, das franziskanische Armutsbekenntnis aufgriff und zugleich die Wurzeln legte für eine weit gespanntes Gemeindeleben.

Es gab neben den reinen Geschäftspartnern viele, die unentgeltliche Wohltätigkeit leisteten. Die Maurerarbeiten besorgte die Baufirma der Gebr. Reitz; weitere örtliche Lieferanten und Betriebe waren Spillutini, Abel und Ezilius; die Zimmerei führte der Handwerksbetrieb Jung durch, Dachdecker waren die Gebr. Düster. Ein Mechernicher Direktor (Molinari) besorgte Kies und Kalk. Über den Anstaltsleiter (Lückerath) waren stets einige Euskirchener Fürsorgezöglinge auf der Baustelle, um Br. Matthias beim Ausschachten oder Be- und Entladen zu helfen. Bauern der Umgebung leisteten Spanndienste. Mit Transporthilfen und Lastautos waren die Steinzeugwerke oder die Firmen Kalff und Frings behilflich. Ein Iversheimer Steinbruchbesitzer stellte Material zur Verfügung. Die Zuckerfabrik baute ein kurzes Anschlussgleis und lieh Kippwagen aus. Das Holz für den Gerüstbau stammte von Arbeiten an der Apollinariskirche in Remagen. Der Amtsrichter Stühlen stiftete einen Altar. Das Kreuz des Glockenturms schuf der Schlossermeister M. Eschweiler. Einen ausrangierten Ofen lieferte das Gesellenhaus; alte Kirchenbänke hatte man in Königswinter aufgetrieben. Das Grundstück südlich und westlich des Klosters wurde sowohl landwirtschaftlich wie gärtnerisch genutzt – mit Gemüsebeeten und Hühnerhof, aber auch Ziersträuchern und Baumpflanzungen. Die Setzlinge spendete ein Förster aus Schweinheim, den Mutterboden lieferte die Zuckerfabrik.[16]

Außenansichten des neuen Klosters von der Münstereifeler Straße

Inneres der Kapelle im neuen Kloster von 1926

Die Gründung des Pfarr-Rektorats 1941-
Auf dem Weg zur selbstständigen Gemeinde

Hatte die Besatzungspolitik im Krisenjahr 1923 durch die Reisebeschränkungen für die Patres und die Ausweisungen von eifrigen Kirchgängern, die Nachbarn waren, die Seelsorge kurzfristig beeinträchtigt, so waren die Belastungen während des Dritten Reichs für die kleine franziskanische Gemeinschaft von existenzieller Art. Dabei schien es vor Ausbruch des Krieges mit dem südstädtischen Gemeindeleben aufwärts zu gehen: 1938 wurde die „Residenz" rechtlich aufgewertet. Die Ordensgemeinschaft war nun ein „Konvent" mit einem Guardian an der Spitze.[17] Der schon 1916 gegründete Kirchenchor, zwischenzeitlich geführt vom Lehrer Schmöle, stand unter der Leitung des Organisten Peter Assmann. Der Kapelle war durch „Entrümpelung" ein „mehr sakrales Aussehen" gegeben worden. Die Kunstwerkstatt August Degen aus Mönchengladbach hatte den Raum unter Verzicht auf Zierrat mit neuer Farbgebung und ornamentaler Symbolik schlicht, aber würdig ausgestaltet.[18] Mit dem Fortgang des Kriegsgeschehens unterblieben jedoch weitere Bauarbeiten.

Eine dauerhaftere Struktur bekam die wachsende Gemeinde durch die kirchenrechtliche Organisation in jenen Jahren. Dass die Euskirchener Franziskaner im sog. Klostersturm nicht ausgewiesen oder aufgelöst wurden, haben sie vor allem ihrem neuen Status als Pfarr-Rektorat zu verdanken. Das erzbischöfliche Generalvikariat errichtete am 19. Mai 1941 „innerhalb der Herz-Jesu-Pfarre das abhängige Pfarr-Rektorat St. Matthias". Im Text heißt es: „Für das Verhältnis des Rektorats zur Pfarrei (…) sind die Bestimmungen der Kölner Diözesan-Synode von 1937, Nr. 183–194 maßgebend, jedoch mit der Einschränkung, daß der Pfarrektor nur für die Funktionen, die in Nr. 2 und 3 des can. 462 CJC genannt sind, zuständig sein soll." Erster Rektor wurde am 21. Juni 1941 P. Hildebrand Vaasen. Die Klosterkapelle hatte jetzt den Rang einer Rektoratskirche.

Hinter diesen Fakten steckt sowohl eine Erfolgsgeschichte wie ein betrübliches Kapitel innerkirchlichen Streits. Die positive mündliche und schriftliche Überlieferung des Geschehens vor Ort lautet: Der damalige Pfarrer von Herz-Jesu, der Geistliche Rat Koerfer, hat – auch auf Bitten der Bevölkerung, einiger Anwohner und aus kirchenpolitischen Gründen, die erzbischöfliche Behörde zur Rektoratsgründung bewogen. Er ist aktiv geworden und hat sich um die Rettung des Klosters besonders verdient gemacht.

Was nicht mitgeteilt wird, sind die anfänglichen Spannungen um die rechtlichen Zuständigkeiten, die bis ins Persönliche gehen. Bis heute bleibt es schwierig, sich ein objektives Bild zu machen. Der umfangreiche Briefwechsel, die protokollarischen Aufzeichnungen und zeitnahen Rückblicke spiegeln die unterschiedlichen Sehweisen. Menschliche Schwächen, Empfindlichkeiten und Missverständnisse

in der Sache verschärfen den Konflikt. All das geschieht vor dem Hintergrund eines Krieges, der immer totaler wird, und eines Weltanschauungskampfes durch das NS-Regime. Schon die Antwort auf die Frage, wer die Initiative bei der Gründung des Rektorats ergriffen hat, ist strittig. Und es verwundert nicht, dass zwischen den beiden Hauptakteuren und Kontrahenten über die Voraussetzungen und die Rechte gegensätzliche Auffassungen bestanden. Erst ein Gespräch drei Jahre später im Februar 1944 konnte die Vorgänge und Positionen klären, ohne dass es jedoch schon zu einer Einigung kam.

Der Betrachter gewinnt folgendes Bild: Anscheinend hatte die Erzbischöfliche Behörde schon „seit mehreren Jahren den Plan – zur Entlastung der Herz Jesu-Pfarre in Euskirchen ein abhängiges Rektorat zu errichten". Zeitgleich (um 1938/39) tauchten in Euskirchen die Gerüchte über eine Aufwertung des Klosters auf. Obwohl Pfr. Ganser bereits 1924 bei Pfarrerhebung von Herz-Jesu von einer dritten Stadtpfarre gesprochen hatte, war Pfr. Koerfer vorrangig um Konsolidierung der Gesamtpfarrei bemüht. Wie bei den Kaplaneien in der Fürsorgeanstalt und im Krankenhaus betrachtete er auch den Pfarrrektor von St. Matthias faktisch als einen „Lokalkaplan" von Herz-Jesu. Es scheint, dass er sich – wenn überhaupt, eine südstädtische Gemeinde nur langfristig und unter Leitung durch den Weltklerus vorstellen konnte. Die Vorgänge im Mai 1941 machen jedenfalls den Eindruck, dass sie überstürzt und nicht abgestimmt verlaufen sind. Weder der Euskirchener Franziskanerkonvent noch das Provinzialat waren bei diesem Schritt einbezogen. Der Guardian teilte dem Ordensvisitator brieflich mit, dass er am 14.5.1941 durch den Pfarrer von Herz-Jesu vom Rektoratsstatut erfahren habe. Etwas verwirrend heißt es: „Aus freien

P. Hildebrand Vaasen
P. Symphorian Rodermund
P. Jakobus Wallenborn
P. Ladislaus Rasche

Stücken und den Verhältnissen sich anpassend hat der Herr Pfarrer diesen Schritt (beim Kölner Erzbischof, d. R.) getan."

Nachweisbar ist eine Gleichzeitigkeit der Aktivitäten. P. Symphorian hatte Koerfer Anfang 1941, als dieser selbst zufällig in Bornhofen ausgewiesenen Patres von Westerwald-Klöstern begegnete, auf eine drohende Beschlagnahmung des Klosters durch die NS-Behörden aufmerksam gemacht. Der Herz-Jesu-Pfarrer reiste daraufhin nach Köln und erwirkte über Kapitularvikar David die erzbischöfliche Rektoratsurkunde. Im Vorfeld hatte es nur mündliche Absprachen über die Kompetenzen gegeben, wonach „alles hier oben (=Südstadt-Rektorat, d. R.) beim Alten bleiben solle". Für die Patres hieß das: Neben der bisherigen Kinder- und Krankenseelsorge und einer dritten Sonntagsmesse dürfen sie auch Taufen und Trauungen durchführen. Für Pfarrer Koerfer sind dies jedoch Rechte, die der Herz-Jesu-Pfarre vorbehalten bleiben sollen. Das Rektorat ist für ihn vorläufig und „praktisch nur ein Seelsorgebezirk"[19], der wegen seiner geringen Größe auch ohne einen Kaplan auskommen kann. Der Guardian seinerseits ist überzeugt, dass „grundlegende Seelsorgearbeit nur dort geleistet werden kann, wo auch eine organische Gesamtseelsorge betrieben werden kann".[20]

Wie sehr schon bei der Gründung die Beteiligten in ihren Zielen nicht übereinstimmten, belegt die Wahl des Namenspatrons. Während die Klosterkapelle dem Ordensheiligen St. Paschalis geweiht ist, entscheidet Pfr. Koerfer sich für St. Matthias – gegen den Vorschlag des Generalvikariats, das Gerhardus, Hermann-Josef oder Hildegardis bevorzugt, und gegen den Willen des Franziskanerkonvents. Der Apostel war schon bei der Namensuche der Mutterkirche in Erwägung gezogen worden. Jetzt sollte sein Patronat ein Hinweis sein auf eine neue Kirche außerhalb des klösterlichen Einflusses.[21]

Während nationalsozialistischer Terror und Weltanschauungskampf zunehmen, halten in Euskirchen die innerkirchlichen Schwierigkeiten an und behindern die Seelsorgearbeit. Der neue Hausobere, P. Ladislaus, fordert das Ordensprovinzialat im Herbst 1943 auf, sich für eine „selbständige Seelsorgsgemeinde" stark zu machen. „Ohne Zweifel fühlen die Menschen sich auch in der Mehrheit in diesem Bezirk dem Kloster und seiner Kapelle verbunden." Man dürfe nicht den Eindruck entstehen lassen, dass zwischen Weltklerus und Franziskanern „keine Harmonie" bestehe. „Entweder muss ein Pfarr-Rektorat im Sinne der Kölner-Diözesan-Synode mit allen Rechten und Pflichten begründet werden, oder wir sollten bei unserer Aushilfsseelsorge bleiben." Falls es nicht zu einer Lösung komme, bittet er um Versetzung, „da ich unter den gegebenen Umständen hier nicht weiter arbeiten kann".[22]

Als die Unruhe in der Gemeinde steigt, kommt es zwischen Oktober 1943 und Juli 1944 zu Eingaben von Laien an den Provinzial. Die Schreiber, die „im Namen der meisten Südstadtbewohner" zu sprechen vorgeben, setzen sich für Art und Umfang der Seelsorge ein, wie sie praktiziert wird. Sie fordern ein „Machtwort" zugunsten der Arbeit des Rektors P. Hildebrand, dessen möglichen Weggang sie nicht hinnehmen wollen.[23] Die umlaufenden Gerüchte, die von einer unversöhnlichen Abneigung zwischen Pfarrer Koerfer und dem Pfarr-Rektor wissen wollen, werden erst durch eine briefliche Klarstellung von P. Hildebrand bereinigt. Der Ordensprovinzial hat vorher schon vermitteln müssen, da der Herz-Jesu-Pfarrer sich besonders durch die Kritik aus Laien-Kreisen gekränkt fühlte.

Im August 1944 weist das Generalvikariat den Einspruch Koerfers „gegen eine Verminderung der Pfarrrechte"[24] als „gegenstandslos" zurück und legt ihm nahe, sich auf die Dienstaufsicht zu beschränken. Im September 1944 bilanziert der Euskirchener Guardian das vorläufige Ende der Auseinandersetzung: Der Pfarr-Rektor von St. Matthias übe die gesamte Seelsorge im ordentlichen Auftrag des Erzbischofs aus. „Bei geordneten Verhältnissen nach dem Kriege" müsse aber verhindert werden, dass „in der Nähe unserer Kirche eine neue Pfarrkirche" gebaut werde. Das Misstrauen bleibt also bestehen. Die Franziskaner fürchten um die Früchte ihrer Arbeit gebracht zu werden. „Wir sollen gar noch vorbereiten helfen bei den Schwierigkeiten, die sich später für die Leute ergeben, wenn sie sich von unserer Kirche wieder trennen müssen, um zur neuen Pfarrkirche zu gehen."

Soweit kam es nicht. Ein zweifacher tröstlicher Ausblick bleibt: Ein Rektorat war von Anfang an als bloße Übergangslösung angelegt. Die Kriegsverhältnisse bedingten zwangsläufig, dass wegen des Priestermangels die Taufen und Bestattungen von den verbliebenen Franziskanern übernommen wurden. Wenn auch der Rechtszustand unbestimmt blieb, so liefen die geschaffenen Fakten auf eine Verselbstständigung hinaus. Kardinal Frings beurkundet am 1.6.1946 dem Pfarr-Rektorat noch einmal, dass es „vollständig gleichgestellt sein soll", wie es die Verfassung der Synode 1937 vorsieht.[25] Die persönlichen Animositäten bestanden jedoch fort, und es gab 1949 seitens der Franziskaner sogar Überlegungen, das Rektorat aufzugeben. Für Jakob Kleinertz, den späteren Bürgermeister und damaligen Kirchenvorstand, und „alle religiös interessierten Kreise der Rektoratsgemeinde" wäre das „sehr bitter und tragisch und in augenblicklicher Zeit absolut nicht zu verstehen", wie er in einer Eingabe an den Provinzial formulierte.[26] In den Rückblicken ein Jahrzehnt später sind die Befürchtungen vergessen, und die Chronisten sehen die Akteure und Aktionen unter einem versöhnlicheren Blickwinkel: „Der erste Rektor P. Hildebrand Vaasen hat sich um die Verselbständigung des Rektorats größte Verdienste erworben. Seinem unermüdlichen Einsatz ist es zuzuschreiben, daß die Südstädter ein Gemeindebewußtsein erhalten. Sie sind nicht wenig stolz, dass ihr Pfarrpatron St. Matthias wird, dem man hier eine starke Verehrung entgegen bringt. Die Verbindung zwischen Kloster und Gläubigen wird stärker und herzlicher."[27] Und P. Ekkehard Müller, Guardian des Klosters von 1959 bis 1969, urteilt: „Zusammen haben sie (Koerfer und Vaasen, d. R.) darum gekämpft. Mit gutem Erfolg. Die St. Matthias-Gemeinde steht und wächst zusehends."[28]

Kloster und Konvent in den Kriegsjahren

Der Nationalsozialismus zeigte während des Krieges immer unverhohlener sein Gesicht als Unterdrückungs- und Terrorapparat. Der Euskirchener Chronist P. Symphorian Rodermund fand deutliche Worte: „Was der liebe Gott mit uns vorhat und den übrigen Völkern unserer Erde, wissen wir nicht; aber das wissen wir, was er zulässt, ist für die Seinen immer das Beste. Das beruhigt uns auch bei der ständigen Befürchtung, aus dem Kloster verwiesen zu werden (…) Neben der großen Dunkelheit, die zum Schutze gegen feindliche Flieger angeordnet ist, herrscht bei uns eine große Dunkelheit im Wissen dessen, was außerhalb unseres Landes in anderen Landen vor sich geht (…) Wie es um das Christentum bei uns steht, will ich einstweilen nicht sagen, aber in der Adventszeit dieses Jahres findet sich kaum ein christlicher Gedanke."[29]

Die wechselseitige Beziehung zwischen den Franziskanern und der Bevölkerung, vor allem in der Südstadt, wurde auch durch den Druck von außen vertieft. Das Franziskanerkloster blieb von den unmittelbaren Kriegshandlungen nicht verschont. Bei den Luftangriffen 1944/45 erwiesen sich die Franziskaner unter P. Ladislaus Rasche und P. Rektor Hildebrand Vaasen als Helfer in der Not, ihre Niederlassung wurde zum Zufluchtsort für Evakuierte und Obdachlose. Nach den Bombenschäden im November 1944 feierte man die Messen im Refektorium, notfalls auch im Keller oder Flur. Die seelische und karitative Hilfe, die Patres und Brüder im Chaos des Kriegsendes leisteten, festigte, verinnerlichte und verselbständigte das religiöse Eigenleben in der Südstadt.[30]

Die Jahresberichte des Klosters aus den Jahren 1944/45 lassen die Dramatik der Ereignisse auch heute noch nachspüren:

> „Am 27. September begannen die Fliegerangriffe, die Euskirchen bis Ende des Jahres fast völlig verwüsteten (…) Am 8. Oktober hielten wir die 10-Uhr Messe zum ersten Mal im Keller an einem provisorisch hergerichteten Altar. Anfang Oktober nahmen wir die Familien Pilgram und Hörschgens, deren Wohnungen unbewohnbar geworden waren, bei uns auf. Am 10. Oktober vermieteten wir die drei Pfortenräume an die Reichsbahnbetriebsleitung Euskirchen, weil ihre Betriebsräume zerstört waren und im Bahnhofsgelände durch die dauernden Bombenangriffe ein Arbeiten unmöglich geworden war. Ihr verdanken wir unseren ausgezeichneten Luftschutzkeller (…)
> Am 15. November warfen feindliche Jagdflieger zwei Bomben vor unsere Kirche. Das Dach wurde völlig zerstört und das Innere verwüstet. Wir richteten sofort unser Refektorium als Kapelle ein. Auch die übrigen Schäden im Haus, besonders an der Straßenseite, waren beträchtlich (…) Die täglichen Angriffe durch die Tiefflieger mehren sich. Das Leben wird immer schwieriger und gefährlicher (…)

Am 5. Dezember erfolgten 10 Angriffe auf die Stadt, davon 6 in unserer unmittelbaren Nähe. Wir erlitten wieder Dach-, Fenster- und Türschäden. Am 6. Dezember erfolgten zwei Angriffe auf das Stadtinnere, denen die Kapuzinerkirche am Krankenhaus zum Opfer fiel. Das Marienhospital war schon vorher nach Kirspenich verlegt worden.

Am 16. Dezember begann die große Westoffensive. Tag und Nacht rollte Kriegsmaterial an unserem Haus vorbei. Am 17. Dezember sahen wir zum ersten Mal nach langer Zeit wieder deutsche Flugzeuge. Die Weihnachtswoche war die bisher schlimmste für Euskirchen. Am Heiligen Abend erfolgten sieben Angriffe, die besonders die Roitzheimerstraße heimsuchten. Die Familie Berbuir, die Eltern unseres P. Eucharius, wurde obdachlos und fand bei uns Unterkunft. Die beiden Weihnachtstage verliefen ruhig. Wir feierten die Weihnachtsmette um Mitternacht, trotz allem mit guter Beteiligung (…)

Mit der ersten Nacht des neuen Jahres begann für uns eine neue Phase des Krieges. Hatten wir bisher wenigstens nachts vor den Fliegern Ruhe gehabt und uns ziemlich sicher gefühlt, so wurde es jetzt anders. Von jetzt an sollte kaum noch eine Nacht vorübergehen, ohne daß uns die nächtlichen Tiefflieger durch das unheimliche Rattern ihrer Bordwaffen und das Pfeifen der sporadisch abgeworfenen Bomben beunruhigten. Vom 14. Januar an haben wir bis zum Einmarsch der amerikanischen Truppen nur noch im Keller geschlafen. In unserm Einmachkeller richteten wir uns ein bombensicheres Refektorium ein, und in unserem alten Weinkeller eine provisorische Küche. Das Rollen des Kanonendonners der Front wurde immer vernehmlicher. Jedenfalls mussten wir uns auf ein Leben im Keller richten."

Am 4. März 1945 erreichten amerikanische Truppen die Stadt Euskirchen. Aber mit der Befreiung vom Naziregime war die Zeit der Not und der Leiden für die Bevölkerung noch nicht zu Ende. Wieder waren die Franziskaner in ihrer Hilfsbereitschaft für die Menschen gefordert. Der Chronist berichtet:

„Wir atmeten auf nach den langen Monaten steter Gefahr und Bedrohung und erwarteten jetzt die Befreiung von aller Nazityrannei. Aber die unaufhörlich nachrückenden Fronttruppen, die nur kurze Rast machten, und die nachfolgenden Besatzungstruppen, brachten viel Leiden mit sich für das Volk. Viele Häuser, ganze Straßenzüge mußten geräumt werden. Oft innerhalb einer Stunde. Die Leute konnten kaum das Notwendigste mitnehmen. Vor allem, sie wußten in der zerstörten Stadt nicht wohin. Es gab Leute, die bis zu 4mal an einem Tag räumen mußten. Wir haben geholfen, wo immer wir konnten. Wir haben in unserem Hause ganze Wohnungseinrichtungen untergestellt, im Keller, auf den Gängen und Zimmern, sodaß man sich kaum noch bewegen konnte, haben tagelang geholfen, Möbel schleppen, haben soviel wir nur konnten in unserem Hause aufgenommen. 35 Leute wohnten damals bei uns im Hause."[31]

Das „St. Franziskus - Studienheim" – Eine neue Aufgabe: 1948-1955

Als der Krieg endete, hatten alle Ordensleute, die in Euskirchen ausgeharrt hatten, überlebt – auch der schwer erkrankte und notoperierte P. Hildebrand. Die baulichen Schäden waren schnell beseitigt, das solide Mauerwerk des Klosters hatte wenig gelitten. In der Weihnachtsmette 1945 war „die Fülle der Kirchenbesucher geradezu erdrückend. Der jetzt als gemischter Chor neu aufgelebte Franziskuschor sang eine mehrstimmige Messe mit Streichorchesterbegleitung".[32] Nach der Verselbstständigung des Rektorats 1946 gewinnt Euskirchen für die Kölnische Ordensprovinz eine zunehmende Bedeutung. Dem Kloster soll ein Schülerheim für Priesterberufe angegliedert werden. Ein umfangreiches Bauprogramm setzt ein. Die Pläne sehen die Vollendung des „Quadrums" vor - aus der provisorischen Zweiflügel-Anlage soll endlich das schon anfangs vorgesehene Gebäude-Karree werden. Die Arbeiten beginnen 1948 und umfassen die Errichtung eines neuen Westflügels als Studienheim sowie Zeichnungen für einen neuen Kirchenbau entlang dem Eifelring.

Schon 1926 hatten Kritiker bei der Einweihung der ersten beiden Klostergebäude von einem „Palast" gesprochen und spöttisch gefragt, ob nicht die Räumlichkeiten für die wenigen Mönche zu groß bemessen seien. Die Antwort geben die Bauvorhaben der 1950er Jahre, die eine Schlussfolgerung aus dem Ursprungskonzept sind. Für den Orden beinhaltete der Standort Euskirchen von Anfang an – auch bei Akzeptanz des franziskanischen „Vorläufigkeit"-Prinzips, dass hier neben der Pfarr- und außerordentlichen Seelsorge die Jugendarbeit einen besonderen Platz haben sollte. Mit dem Studienheim knüpfte man an eine Tradition an, die schon im Gründungsjahr der Klostergemeinschaft die gymnasiale Schülerschaft in Bildung und Glauben beeinflussen wollte. Das Experiment scheiterte, wurde aber jetzt erfolgreich abgewandelt.

Euskirchen sollte die „neue Pflanzstätte franziskanischer Jugend" werden. Das Motto galt zwar vorrangig dem eigenen Ordensnachwuchs, war jedoch stets auch nach außen gerichtet. Heimschüler besuchten das Städt. Emil-Fischer-Gymnasium, Schüler des Gymnasiums ihrerseits wurden Mitglied im Dritten Orden oder gehörten zu den Mitbegründern der vom Internat getragenen Pfadfindergruppen. Die Nähe und Verbindung von städtischen und Internatsschülern war Teil des Erziehungsprogramms, wonach das Studienheim kein Fremdkörper in der städtischen Gesellschaft sein durfte. Die Klosterkirche diente als Gymnasialkirche, „und auch sonst (wurde sie) von vielen Schülern regelmäßig besucht, sei es zum Beichten, sei es zur Feier der hl. Messe".[33] Beim feierlichen Einzug der ersten Schüler am Franziskusfest im Oktober 1948 begrüßten auch die Vertreter der Stadt die „erfreuliche Symbiose von Heim und Gymnasium" und unterstützten die Erziehungsprinzipien der Patres. „Die franziskanische Spiritualität als gestaltende Macht" – wie die Maxime einer eigenen Denkschrift lautete, sollte Leben und Wirken des Ordensgründers in den Mittelpunkt stellen und so dem „Materialismus des öffentlichen Lebens" wie der „Entchristlichung" entgegenwirken.[34]

Der Festakt zur Einweihung des Studienheims lässt den Geist des Hauses spürbar werden. Der Lehrraum des neuen Schulbereichs erhält ein eigenes Gepräge mit dem alten Holzkreuz, das die Spuren der Bombennächte zeigt, und einem Franziskusbild. Der Studienleiter P. Theofried umschreibt in seiner Ansprache das Erziehungsziel, das auf „die Formung des ganzen Menschen" gerichtet sei. „Gegenüber dem streng von der Umwelt abgeschlossenen Internatsleben mit seiner Gefahr der Heranziehung von Treibhauspflanzen begrüßte er für unser Heim die enge Verbindung mit Stadt und Gymnasium, die den Blick für das Leben draußen offen hält. So werde das Heim kein Fremdkörper im Leben der Stadt sein und doch aus den Tiefen des franziskanischen Geistes leben (…) Immer wieder wurde im Gespräch und in kurzen Ansprachen zum Ausdruck gebracht, dass sich alle von unserem Heim einen Aufschwung des kulturellen Lebens in Euskirchen versprachen."[35]

Die Chronik des Internats und späteren „Studienheim(s) St. Franziskus" berichtet über vielfältige Einzelheiten. Alles hatte in den Notjahren nach dem Krieg bescheiden angefangen. Schon im Oktober 1947 war vom Düsseldorfer Provinzial an den Euskirchener Konvent der Auftrag erteilt worden, ab Ostern 1948 hier ein Jungenkonvikt zu eröffnen, um die Auslandsschule im niederländischen Exaten zu ersetzen. Das Dachgeschoss des Südflügels wurde mit einfachsten Mitteln umgebaut; es gab dort ab Sommer u.a. neun Schlafräume und Platz für 36 Jungen. WC und Dusche waren nur im Keller zugänglich, die Einrichtung mit zweistöckigen Eisenbetten und Waschtrog suchte man sich aus Altbeständen zusammen. Das „schlichte Heim (war) primitiver als eine Jugendherberge". Zu hungern brauchte aber niemand, da Br. Alfred „bei frommen Bauern des Euskirchener Landes manche Karrenladung Kartoffeln und Brotgetreide" erbettelte, und Patres aus Nordamerika

Franziskanerkloster mit Studienheim und Garten um 1955 (Luftbild)

Studienheim St. Franziskus, Außenansicht um 1955

Außenansicht des Klosters und Studienheims vom Garten aus um 1955

*Landwirtschaftsgehilfe
Wilhelm Harf*

Lebensmittel schickten. Neben P. Ladislaus bezogen ab Januar bis April 1948 die Patres Theofried Haardick und Waltram Roggisch das Kloster. Sie waren examinierte Gymnasiallehrer und fachlich hoch qualifiziert. Im darauffolgenden Jahr unterstützten sie die Patres Dagobert und Sigismund als Präfekten in der schulischen Heimarbeit.[36]

Die ersten Jahresrückblicke zeigen Erfolge und Schwierigkeiten des Beginns. Die Schülerzahl wuchs im zweiten Schuljahr auf 37. Es mussten Förderkurse (in Latein u. Mathematik) für den Übergang in die Untertertia des Gymnasiums eingerichtet werden. Sie brachten aber Ausfälle, weil den „Ansprüchen nur solche gewachsen sind, die überdurchschnittlich begabt sind". 1950 wird vermerkt: „7 Jungen traten der von P. Waltram geleiteten Euskirchener Drittordensgemeinde bei (…) Daneben bestehen in unserem Heim zwei Pfadfindersippen mit 13 Jungen, die sich für die Heimgemeinschaft gut auswirken." Aufschlussreich ist die „soziale Struktur": Von den Jugendlichen sind „27 aus der Stadt, 21 vom Land, 17 aus Arbeiterfamilien, 31 aus Familien mit drei und mehr Kindern, 15 haben keinen Vater, 6 sind Ostflüchtlinge."[37]

Schon zu diesem Zeitpunkt ist klar, dass die Räumlichkeiten des nur provisorisch ausgebauten Speichergeschosses im Kloster nicht ausreichen. Im Schwung und Geist der frühen bundesrepublikanischen Jahre fasst der Orden schon 1949 den Plan eines großzügigen Neubaus und beauftragt den Düsseldorfer Architekten Heinz Thoma, der ihm von Mönchengladbach her bekannt ist. Die Entwürfe liegen seit Mai/Juni 1950 vor und zeigen einen Baukörper, der als Westflügel die dritte Seite des ursprünglichen sog. Quadrum-Konzepts schließt. Der dreigeschossige Internatstrakt fügt sich harmonisch im rechten Winkel dem Altbau an. Ein kleiner Flügel schiebt sich parallel zum Eifelring in den (Gemüse-)Garten, der jedoch seine gesamte landwirtschaftlich genutzte Fläche behält. Im Erdgeschoss sind u.a. ein Studiersaal, Bibliothek und Hauskapelle vorgesehen, in den beiden oberen Stockwerken Schlafsäle, Klassen- und Sanitärräume, das Kellergeschoss soll Bastel-, Sport- und Musikzimmer aufnehmen.[38]

Unmittelbar vor der Entscheidung für den Internatsbau in Euskirchen - also 1948/49, scheinen Pläne bestanden zu haben, entlang dem Eifelring eine Kirche neu zu errichten und statt eines Westflügels den entstehenden Binnenhof mit einem traditionellen Kreuzgang abzuschließen. Die Kölner Architekten Wolfram Borgard und Fritz Volmer entwarfen eine ost-westlich gerichtete,

Entwurf zu einem nicht ausgeführten Kirchenneubau (um 1948/1950)

einschiffige Hallenkirche mit flachem Satteldach, die herkömmliche Elemente südlicher bzw. romanischer Klosterkirchen enthielt. In der Innengestaltung wie der Frage, wo Eingang bzw. Altar anzuordnen seien, standen die jeweiligen Entwürfe im Gegensatz zum Baukörper aus den 1920er Jahren. Ihre Realisierung hätte einen Stilbruch bedeutet.

Die gültige Planung für das Heim zielt auf einen funktionalen und zeitgemäßen Bau, dessen Kostenvoranschlag sich allerdings schon auf damals beträchtliche 310.000,- DM beläuft. Sie übersteigen die Möglichkeiten der Kölner Franziskanerprovinz, so dass die Bevölkerung zu finanzieller Unterstützung aufgerufen wird. Die örtliche Presse mit Volksblatt und Rundschau trägt den Aufruf um Gründung eines Förderkreises in die Öffentlichkeit und hilft durch ihre Berichterstattung dem Anliegen der Franziskaner. Im Konvent selbst setzen sich Guardian P. Jakobus Wallenborn und P. Theofried Haardick tatkräftig für das Bauvorhaben ein – letzterer stellt z.B. zeichnerische Überlegungen zur Funktionalität von Räumen an. Über die Höhe der Spenden von Euskirchener Seite ist nichts Genaues bekannt. Die Chronik beklagt aber, dass bei „einigen Fabrikanten" „das Ergebnis dieser Bettelgänge leider nicht sehr hoch" war.[39] Trotz der Widrigkeiten kann schon zum Franziskusfest im Oktober 1951 das Studienheim eingeweiht werden. Am 8. Dezember 1951 beehrt Kardinal Frings das Kloster und Internat mit seinem Besuch, was gerade in einer für das Haus schwierigen Zeit als eine spürbare Hilfe empfunden wurde.

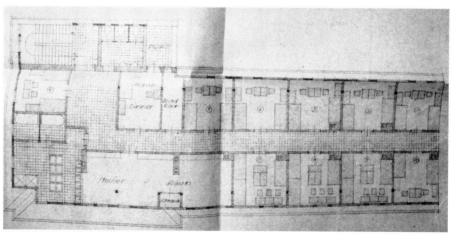

Studienheim St. Franziskus, Grundriss für Dachgeschossausbau

Die Zusammenfassung eines Gesprächs mit Klaus Thiel[40], der von Sommer 1948 bis Herbst 1952 Schüler des Internats war, vermittelt ein Bild vom Leben und der Atmosphäre im Franziskus-Studienheim:

Thiel hatte vorher die Volksschule absolviert und eine Lehre bei der Bahn begonnen. Über die Erfahrungen in der katholischen Jugendarbeit in Ründeroth (Bergisches Land) unter dem späteren Studentenpfarrer Wilhelm Nyssen hatte sich der Wunsch entwickelt, Priester zu werden. Um das Abitur machen zu können, kam er nach Euskirchen ins Internat der Franziskaner. Zunächst musste er den entsprechenden Lernstoff vor allem in Mathematik, den Naturwissenschaften und Sprachen nachholen. Lateinisch und Griechisch lernte er bei dem emeritierten Gymnasiallehrer Prof. Vieth. Zum Schuljahrsbeginn Ostern 1949 konnte er dann die Obertertia (8. Klasse) des Emil-Fischer-Gymnasiums besuchen. In dieser Zeit war der Neubau des Internats noch nicht errichtet. Die etwa 20 Schüler bewohnten den oberen Trakt des Klosters, unter zum Teil sehr einfachen Bedingungen. Der Neubau konnte 1951 bezogen werden. P. Sigismund Illen wurde 1949 Präfekt des Internats. Für Klaus Thiel war er ein strenger Mann, der zu cholerischen Ausbrüchen neigte. Gerade erst aus langjähriger russischer Kriegsgefangenschaft heimgekehrt, war P. Sigismund vor eine schwere Aufgabe gestellt, zu der er keine pädagogische Ausbildung mitbringen konnte. Thiel war inzwischen (1951) „Schlafsaal-Ältester" für die jüngeren Schüler geworden, für die er sich mitverantwortlich fühlte. Als er erleben musste, dass P. Sigismund einen jüngeren Schüler wegen einer Bagatelle äußerst hart mit Schlägen bestrafte, ging er dazwischen und versuchte zu vermitteln. Das hatte zur Folge, dass er ab sofort beim Präfekten ,persona non grata' war und das auch zu spüren bekam. P. Sigismund intervenierte sogar bei der Schulleitung des Gymnasiums mit der Absicht, das Abitur von Klaus Thiel zu verhindern. Dieser war inzwischen aus dem Internat ausgezogen und wohnte bei der Familie eines Mitschülers bis zu seinem Abitur 1954.

Vor diesem Hintergrund ist es umso erstaunlicher, dass der ehemalige Internatsschüler von einer positiven Atmosphäre spricht und von einem unbekümmerten, freundlichen Umgang miteinander. Natürlich habe es feste Spielregeln und eine klare zeitliche Struktur im Ablauf der Tage und Wochen gegeben. In der Erinnerung von Klaus Thiel war die starre Hausordnung aber keineswegs prägend für das Gesamtklima des Hauses. Die religiöse Praxis habe keine frömmelnden Züge gekannt. Die Schüler hätten freiwillig, spontan und ohne Murren an den verschiedenen Gottesdiensten teilgenommen und so ein Stück religiöser Erbauung erfahren. Eine ausgeprägte Bereitschaft zum religiösen Engagement wäre wohl bei den meisten aus dieser Erfahrung erwachsen. In der Einschätzung von Klaus Thiel hatte die religiöse Prägung im Studienheim eine nachhaltige biografische Wirkung, weit über die Internatszeit hinaus.

Die Schüler hatten die Freiheit, ihren sportlichen Interessen nachzugehen, bis hin zum heimlichen Verlassen der Klostermauern, um an den Kreis-Waldlauf-Meisterschaften teilzunehmen, sogar mit Erfolg. Das Zittern vor der Entdeckung hielt lange an, da die namentliche Nennung in der Euskirchener Presse unter ‚ESC-Erfolge' durchaus zu Konsequenzen hätte führen können. Möglicherweise war die Freude am Sport durch die unmittelbar zum Haus gehörigen Sportanlagen geweckt worden. Der daneben liegende große, immer gut gepflegte Klostergarten vervollständigte die angenehme, wohltuende Atmosphäre des Klosters bzw. des Internats. Die Produkte des Gartens wurden weitgehend in der Klosterküche verarbeitet, reichten aber nicht aus, um die hungrigen Jungen satt zu machen. Mit dem klostereigenen VW-Bulli fuhr einer der Klosterbrüder, Br. Alfred, begleitet von einigen Internatsschülern, über die Dörfer zum „Kötten" (Betteln), wie es bei den Franziskanern seit je her Tradition war. So musste gegessen werden, was die Bauern bereit waren abzugeben, und wenn es wochenlang vor allem Kartoffeln und rote Beete waren, an die sich Klaus Thiel heute noch lebhaft erinnern kann.

Initiiert durch P. Ladislaus Rasche hatte sich im Haus eine eigene Pfadfindergruppe gebildet. ‚Gründungsvater' war Herbert Volkmer, genannt „Elch". Thiel gehörte zur Sippe Marder, die unter Leitung von Hans Wellmann stand. Charakteristisch für die Pfadfinder war u.a. ihre Nähe zur Natur. Sie boten ihre Hilfe bei der Forstarbeit an, unternahmen regelmäßig Nachtwanderungen, beteiligten sich an der jährlichen Jugendwallfahrt zum Michelsberg bei Münstereifel oder an den Bußgängen nach Kreuzweingarten zu Beginn der Passionszeit. Diese Anfänge des Pfadfinderwesens im Internat der Franziskaner blieben nicht auf die Klostermauern beschränkt, sondern waren der Anstoß zur Gründung einer eigenen Pfadfindergruppe in der Stadt, deren erster Leiter der spätere Stadtdirektor Heinrich Blass war.

In der derzeitigen Öffentlichkeit und Medienwelt ist von kirchlichen Internaten fast ausschließlich im Kontext sexuellen Missbrauchs und körperlicher Übergriffe die Rede. Für Klaus Thiel, den ehemaligen Internatsschüler im Franziskus-Studienheim der Franziskaner in Euskirchen, war in seiner Zeit von alldem nichts zu spüren. Er verschweigt die problematischen Seiten nicht, lässt sich aber deswegen in seiner positiven Gesamteinschätzung nicht beirren.

Studienheim St. Franziskus,
Treppenhaus

Studiensaal

Aufenthaltsraum

Waschraum

Studienheim St. Franziskus, Klassenzimmer

Gebetsraum

Wandbild mit Franziskaner und Schüler

Schülergruppe mit P. Sigismund Illen

Das Zukunftsprojekt, wonach „im Heim eine frohe franziskanische Erziehung und am Städtischen Gymnasium eine gründliche wissenschaftliche Ausbildung" geboten werden sollte, hatte nur eine kurze Blütezeit. Und das, obwohl das Heim im Laufe der Zeit manche räumliche Verbesserung mit Sport- und Erholungsmöglichkeiten erfuhr. Was mit viel Einsatz und Optimismus gestartet war, blieb in der Geschichte des Euskirchener Konvents eine Episode! Als im Mai 1954 die niederländische Regierung die Ansiedlung und Schule der deutschen Franziskaner wieder erlaubte, wechselten schrittweise die Schüler nach Exaten, wo ab Ostern 1958 von Untertertia bis Oberprima unterrichtet wurde. In Euskirchen blieben nur noch die Jungen der Unterstufe, bis auch sie das Studienheim 1964 verließen und dieses geschlossen wurde.[41]

Dass die Vorstellung von einem katholischen Bildungszentrum in der Südstadt mehr war als eine Idee der Franziskaner, wurde bei den Verhandlungen um den Verkauf des alten Klostergrundstücks erkennbar. Die Finanzierung des neuen St. Matthias-Zentrums zwang den Orden, nach einem Käufer zu suchen. Dabei verfolgte man das Ziel, eine geistig verwandte Institution für die Nachnutzung zu finden. Dechant Heindrichs bemühte sich seit Jahren um eine Bildungsstätte für die linksrheinischen Dekanate hier im Süden des Erzbistums. Der Plan zerschlug sich aber aus mehreren Gründen: Der Euskirchener Standort war zu stadtnah und groß, und zeitgleich übernahmen die Pallotiner das Kreisjugendheim an der Steinbach-Talsperre. Der andere Vorschlag einer kirchlichen Realschule – vom Münstereifeler Dechanten Emonds vertreten, konnte nicht umgesetzt werden, weil das Erzbistum nicht die Trägerschaft übernehmen wollte. Wenn am Ende die Bundeswehr die Immobilie kaufte und hier ihre Schule für Psychologische Verteidigung unterbrachte - die spätere PSV-Hochschule, so kann man darin auch die profane Variante eines ursprünglichen Konzepts sehen, das wachsende Stadtviertel im Euskirchener Süden zu einem Ort für Bildung und Erziehung zu machen.[42]

Schlußlied nach dem Segen

T. Herbert Budek 1948
W. Seraphisch Lustgart, Köln 1635, bearb. von
P. Waltram Roggisch OPM 1948 (Neufassung)

1. { Dein Ruf, Fran-zis - kus, klingt in mir, dem
   { es drängt und schlägt mein Herz mit dir, in

Herrn sich zu ver - schen - ken;
Gott sich zu ver - sen - ken,   in

Gott, durch des - sen Lie - bes - kraft wir

e-wig uns er - hal - ten, der uns zu neu-em

Sein er-schafft, zu se - li-gem Ent - fal - ten.

2. Es rufen stets die Tiefen sich, die Liebe zeugt nur
Liebe; wie Gott mich liebt, so geb ich mich, daß ich sein
eigen bliebe. Was ich am Tage, in der Nacht erfülle und
vollende, sei nur für ihn allein vollbracht, sei Liebe
ohne Ende!

Franziskuslied, Komposition von P. Waltram

Der Kirchenumbau 1956 –
Fast am Ziel

Es ist leicht nachvollziehbar, dass im Hochgefühl des Wirtschaftsaufschwungs und in einer Stadtgesellschaft, die noch eine ungebrochene religiöse Prägung hatte, der alte Wunsch nach der „Südstadtkirche" wieder aufkam. 1956, nachdem die „Franziskaner 40 Jahre in Euskirchen" waren, sollte die „Klosterkirche endlich ein sakrales Gepräge" erhalten. Mit solchen Worten überschrieb die örtliche Presse die geplanten Baumaßnahmen. Der Franziskanerpater GEREON KÜBEL, ein geborener Euskirchener, der eine ausführliche Baubeschreibung und -deutung verfasst hat, formuliert sehr deutlich den eigenen wie den einheimischen Standpunkt: „Man muss wissen, dass eine Ordensniederlassung vor allem deswegen von der Stadt angeregt worden war, weil die Bewohner der Südstadt nach einer Kirche verlangten (…) Daher kann man kaum glauben, dass dieses (die Notkirche von 1926, d. R.) in allen seinen Formen so unschöne und unzulängliche Gotteshaus (…) Befriedigung ausgelöst hätte."[43]

Der Bericht P. Gereons ist es wert, ausführlich zitiert zu werden. Er ist mit innerer Anteilnahme für seine „Heimatkirche" geschrieben und belegt das Wissen des Autors um das lokale gesellschaftliche Umfeld und dessen Wünsche. Er macht genaue Angaben zur Architektur und zur liturgischen Funktion der Baumaßnahmen und interpretiert sie aus der Sicht des großen damaligen Kirchenbaumeisters Rudolf Schwarz, dessen Sakralbauten ein theologisches Konzept umsetzten. Wer den folgenden Auszug aus dem Manuskript aufmerksam liest, wird bei den Erläuterungen zur Kirchenraumgestaltung verstehen, warum der Schreiber hier einen besonderen franziskanischen und konziliaren Geist verspürte, der vieles von dem vorwegnahm, was ein Jahrzehnt später im neuen Kloster und der neuen Kirche umgesetzt wurde:

„Man machte sich oft Gedanken über den Bau einer neuen Kirche, aber schließlich wurde der Plan gefaßt, den bisherigen Raum um- und neuzugestalten, ein Plan, der im August 1956 während der Sommerferien (…) unter Leitung des Paters Guardian Paschalis Ruez und des Architekten Philipp Hoffmann, Euskirchen, sowie mit Unterstützung der Wohltäter von Provinz und Kloster zur Ausführung gelangte. (…) Die architektonische Umgestaltung der Kirche umfasste drei Bereiche: die Außenbauten, die Neuordnung der Fenster und Türen und schließlich die innere Gliederung des Gotteshauses.

Als Außenbauten wurden schon im Juli 1956 an der Westseite im Binnenhof eine neue Sakristei mit einem Gang vom Kloster her und an der Giebelseite nach Norden eine Eingangshalle angefügt, in die auch die Treppe zur Orgelbühne verlegt wurde. (…) Anfang August begann man damit, die übereinander liegenden Fenster an der Münstereifeler

Straße miteinander zu verbinden, so dass fünf hohe Rundbogenfenster entstanden; an der Orgelbühne und der gegenüberliegenden Ostwand schuf man in gleichem Abstand sechs niedere Rundbogenfenster, ebenso erhielt die Giebelseite drei neue Fenster. Zwei Türen zur Sakristei und zur Vorhalle wurden gebrochen (…) Sodann konnten die Arbeiten an der Innengestaltung des Raumes beginnen. Der gesamte Chorraum wurde um eine Stufe erhöht, um ihn so vom Schiff des Volkes abzuheben. (…) Es liefen längs unter der Decke zwei äußerst unschöne Betonträger her, die nicht fortfallen durften, weil sie die Decke trugen. Diese ließen sich an der Stirnwand der Kirche bis auf den Altar nieder, so dass das große Altarkreuz zwischen sie zu hängen kam. Nach reiflicher Überlegung beschloß man, sie zu überkleiden (…) – So erfuhr die Gliederung der Kirche (…) eine neue Betonung. Außerdem gibt die so entstandene Kreuzform der Decke dem Raum in einer sehr schönen und klaren Weise eine sakrale Weihe, wie sie in alten Zeiten durch den kreuzförmigen Grundriß der Kirchen erstrebt wurde.

Die umgestaltete Kirche konnte im September 1956 fristgemäß bezogen werden (…) Die alten unförmigen Bänke wurden durch neue gut gearbeitete ersetzt. Auch das schlichte neue Chorgestühl paßt sich sehr gut in den nun getäfelten Altar- und Chorraum ein. Die Altäre blieben vorläufig die gleichen wie in der alten Kirche (…) In der neuen Eingangshalle wurde schließlich gegenüber der Treppe zur Orgelbühne, da hier Raum dafür war und die Gläubigen oft nach einem Winkel stillen Gebetes verlangen, eine kleine Marienkapelle eingerichtet. Hier ist nun auch der Taufstein aufgestellt.

Trotz einiger weniger Mängel befriedigt die neue Gestaltung des Kirchenraumes sehr. Hier ist vor allem ein würdiger Raum für die Feier des heiligen Opfers entstanden. Der Altar ist mitten in der Gemeinde (den Konvent im Chor mitgerechnet umgibt sie ihn von 3 Seiten). Er ist von überall sichtbar. Und doch ist er sauber durch die klaren architektonischen Formen aus der Gemeinde herausgehoben (…)

Die ausdrucksstarken überlebensgroßen Figuren (…) gehören der Barockzeit an (18. Jh.) und stammen aus der alten Euskirchener Kapuzinerkirche. (…) Sie stellen den hl. Franz von Assisi und den hl. Antonius von Padua dar. Für die neue Kirche wurden sie restauriert und scheinen sich gut in die kräftigen architektonischen Formen einzufügen. So stellen sie allen offenbar die Verbindung her zwischen dem alten Kapuzinerkloster in Euskirchen und der neuen Franziskanergründung in der Südstadt. Denn es ist doch derselbe franziskanische Geist, wie er schon seit einigen hundert Jahren in Stadt und Umgebung von den Kapuzinern gelebt und gelehrt worden war, der auch von dieser Kirche und diesem Kloster ausgeht und in die Herzen unseres Volkes und vor allem unserer Jugend dringen will."[44]

Klosterumbau 1956, Bauarbeiten an der Kirche (Straßenseite)

*Klosterumbau
1956, Bauarbeiten
an der Kirche
(Hofseite)*

Auf besonders großes Interesse stieß die Gestaltung der Kirchenfenster. Der Auftrag war an Konrad Schäfer gegangen, dessen Glasarbeiten damals im öffentlichen Raum der Stadt Euskirchen hohes Ansehen genossen. Er war den Franziskanern auch als ehemaliger Kollegschüler in Exaten bekannt. Der einheimische Graphiker und Maler wählte für die mundgeblasenen Gläser eine moderne Form, die in groben, holzschnittartigen Linien religiöse Themen umsetzte. Die großen straßenseitigen Fenster versinnbildlichten den Sonnengesang des hl. Franziskus – mit dem Lobpreis der Vögel des Himmels, der Tiere des Waldes, dem Gesang von Feuer, Wasser und Wind oder der Gestirne.

Klosterkirche nach dem Umbau 1956, Ansicht auf den neuen Eingangsbereich

Klosterkirche 1956, Innenansicht

Die Patres und Brüder des Konvents waren von den Entwürfen beeindruckt. Für P. Paschalis „hat die Darstellung des Sonnengesangs (…) in ihrer künstlerischen Gestaltung und Auffassung wohl kaum eine Parallele. Im Mittelfenster ist der der Hl. Franziskus (zu sehen), der das Gotteslob anstimmt. Ihn umgeben in den vier anderen Fenstern die Vielfalt der Elemente und Geschöpfe, die durch ihr Dasein das Lob des Schöpfers verkünden. Erst der Mensch, dargestellt im Fenster auf der Orgelbühne als musica sacra, leiht der stummen Schöpfung seine Stimme und vollendet das Gotteslob, das der Heilige einst gesungen hat."[45]

Die kleineren Fenster an der Hof- und Giebelseite verzichteten auf Farbigkeit und beschränkten sich auf eine abstrahierende Linienführung, um Eucharistie- und Christussymbole darzustellen. Die Ausgestaltung des Gemeinderaums korrespondierte mit den Ideen von Rudolf Schwarz, dem bekannten Kirchenarchitekten der Nachkriegszeit. Das große Thema ist der Lobpreis der Schöpfung im 148. Psalm, im Gesang der Jünglinge im Feuerofen und im Sonnengesang des hl. Franziskus.

Die treibende Kraft bei den Baumaßnahmen war der Hausobere P. Paschalis Ruez. Er unterstützte mit Nachdruck das künstlerische Konzept von Konrad Schäfer und erteilte ihm auch den Auftrag für die stilistisch vergleichbaren Kreuzwegstationen, die in farbigem Opalglas auf Zement entstanden. Die Bevölkerung in der Südstadt scheint – nach Presseberichten, „den mutigen Vorstoß in das Feld moderner sakraler Kunst" bereitwillig angenommen zu haben. [46]

Klosterkirche 1956, Fenster von Konrad Schäfer mit Eucharistie- und Christussymbolen

Die Gründung der Pfarrei und
die Bautätigkeit der 1960er Jahre

Die neue Gemeinde plant die neue Kirche

Was mit den baulichen Maßnahmen zu einem architektonischen Ergebnis geführt hatte und was dem Klosterstandort an der Münstereifeler Straße nun ein geschlossenes Erscheinungsbild verlieh, entpuppte sich wiederum als vorläufig – sowohl topographisch wie rechtlich. Die „Notlösung" des Jahres 1941 hatte sich verselbstständigt. Die Südstadt war inzwischen auf fast 4000 Seelen angewachsen und wurde ständig größer. Die Patres genossen „längst Heimatrecht", und eine dritte Pfarrei in Euskirchen war unstrittig. Der letzte Schritt zur unabhängigen Kirchengemeinde erfolgte mit der Urkunde vom 4. Dezember 1959, die im April 1960 vor den Gläubigen in der Sonntagsmesse verlesen wurde. Der Kölner Erzbischof, Josef Kardinal Frings, erfüllte damit einen „lang gehegten Wunsch der katholischen Bevölkerung der Südstadt". Aus dem Pfarr-Rektor wurde nun der „Pater-Pastor" Lambert, und am 1. Mai konnte mit Grußworten des Kreises und der Stadt die neue „Pfarre St. Matthias" einträchtig und feierlich ihre Gründung begehen. Gleichzeitig mit dem neuen Rechtsstatus war bei allen Beteiligten der Plan „einer neuen Kirche für die neue Gemeinde akut" geworden. In der Aufbruchstimmung und mit dem gewonnenen Selbstbewusstsein glaubte man, schon 1961 den Grundstein für eine Kirche im Wohnviertel zwischen Gottfried-Disse-, Selbach- und Beethovenstraße (jetziger Asselbornstraße) legen zu können.[47]

Es war endlich an der Zeit, die Weichen für eine tragfähige Zukunft zu stellen. Der Euskirchener Konvent hatte schon Ende 1958 gegenüber dem Provinzialat die Situation in einem Gutachten auf die Kernforderung zugespitzt: Die neue Pfarre muss untrennbar mit dem Kloster verbunden bleiben. Eine vom Weltklerus geführte Pfarrei darf es nicht geben. Dieses Junktim, dass zwei religiöse Zentren in der Südstadt nicht tragbar seien, vertraten neben den örtlichen Franziskanern die Gläubigen, hier ansässige Stadtpolitiker und Dechant Joseph Heindrichs, der seit 1950 die Pfarrei Herz-Jesu leitete. Das Verhältnis zwischen Welt- und Ordenspriestern war nun spannungsfrei, und Heindrichs galt als erfolgreicher Wegbereiter des neuen Pfarrstatus, für den die franziskanische Seelsorge außer Frage stand.[48] Mit der Urkunde über die Erhebung zur Pfarre musste ein Kirchenvorstand gebildet werden. Er konstituierte sich im Juli 1960 und sah seine erste und vordringliche Aufgabe in der Gründung eines Kirchbauvereins. Die Entscheidungsträger der beiden Gremien waren dieselben: Neben P. Lambert gehörten u.a. dazu der Bürgermeister Jakob Kleinertz, Dr. Gottfried Disse jun., Miele-Direktor Carl-Hermann Terrahe und der Bauunternehmer Josef Blaß[49]. Weitere Mitglieder der ersten Stunde waren Peter Jos. Jung, Hans Schildgen, Joseph Rüth und Matthias Meyen. Als die Arbeitsvorbereitungen begannen, übernahm P. Kaplan Rembert Röös die zeitaufwendigen organisatorischen Aufgaben.

Aus den Protokollen wird ersichtlich, welch aktive Rolle die Laien beim anstehenden Kirchenbau gespielt haben. Die Vorstandsmitglieder waren einflussreiche Repräsentanten der Bevölkerung. Sie besaßen Sachverstand, waren kritisch, aber Argumenten gegenüber aufgeschlossen und ließen sich unvoreingenommen auf die Bauideen des Architekten ein. Bei strittigen Vorlagen strebten sie konstruktive Lösungen an. Eine meinungsbildende Rolle scheint C.-H. Terrahe gehabt zu haben. Er war es, der schon im Juni 1961 nach der Besichtigung des Düsseldorfer Gemeindezentrums „Maria in den Benden" klar Stellung bezog, so dass der Kirchenvorstand einstimmig auf Antrag von P. Lambert den Architekten Emil Steffann für den Kirchenneubau benannte. Nach Gesprächen und Erörterungen mit ihm wurden bereits im November 1961 erste „Richtlinien" für die Planung benannt, die einer fortschrittlichen Liturgie entgegenkamen und ein „Natursteinmauerwerk" statt eines Betonbaus forderten. Die Entscheidungsfindung war zwischen den Beteiligten in den langen Jahren von 1961 bis 1967 nicht immer einfach, und es gab mehrere krisenhafte Zuspitzungen, bei denen der Kirchenvorstand sich nicht scheute, eigene Positionen zu beziehen. Als die Baubehörde des Kölner Erzbistums im September 1962 den Vorentwurf Steffanns ablehnte, stand das Euskirchener Gremium „eindeutig zum Architekten". Die Ausweitung des Raumprogramms vom bloßen Kirchenneubau zum „Seelsorgekloster" im Frühjahr 1963 ließ keine Zweifel aufkommen, weiterhin mit Emil Steffann zusammen zu arbeiten. Der Kirchenvorstand „erklärt sich einstimmig für eine enge Verbindung von neuer Pfarrkirche und Kloster gerne bereit, zumal damit gleichzeitig die Verbundenheit des Klosters mit Euskirchen und vor allem der Entschluss des Ordens zum Ausdruck gebracht wird, die Pfarre St. Matthias für immer zu übernehmen".

Als dann aber die erste Gesamtplanung vorgelegt wird, geschieht Überraschendes. Der Kirchenvorstand erklärt im Januar 1964, den Entwurf „nach reiflicher und gründlicher Überlegung" einstimmig abzulehnen. Die Gründe liegen vor allem „in der städtebaulichen Lösung". Man kritisiert den zu wuchtigen Baukörper, der nicht zur Umgebung passe, und skizziert sogar einen eigenen Entwurf mit gegliederten Bauteilen. Vor Beginn der Bauarbeiten im Frühherbst 1965 legt der Vorstand ein eigenes Papier über den Vergabe- und Kontrollmodus vor, um die Verantwortlichkeiten und damit auch seine Mitwirkungsrolle festzuschreiben. Wenn er hier in Rechts- und Finanzfragen ein ausgeprägtes Selbstbewusstsein an den Tag legt, so folgt er bei der Einrichtung der Kirche in künstlerischen Angelegenheiten bereitwillig dem Urteil des Architekten. Dass Kirche und Kloster St. Matthias heute ein so einheitliches Erscheinungsbild zeigen, verdanken sie nicht zuletzt dem grundsätzlichen Einverständnis und der vertrauensvollen Zusammenarbeit von Bauherr und Baumeister, also des Kirchenvorstands und Emil Steffanns.[50]

Das Kirchenzentrum St. Matthias – Seine Baukonzeption und Baugeschichte

Das Generalvikariat Köln schrieb am 26.7.1965 an den Kirchenvorstand der katholischen Kirchengemeinde St. Matthias in Euskirchen „betreffend Neubau Kirche ohne Turm: Wir erteilen hiermit (die) Baugenehmigung für den Neubau der Kirche nach den Plänen und der Kostenaufstellung des Herrn Architekten Dr. Steffann …" Mit diesem nüchternen Amtsschreiben waren die wesentlichen baurechtlichen und finanziellen Voraussetzungen für eine neue Kirche und ein neues Kloster St. Matthias geschaffen worden. Knapp zwei Monate später konnte mit der Bauausführung begonnen werden. Sie wurden im März 1967 abgeschlossen. Endlich hatte die Südstadt ihr Kirchenzentrum, wenngleich der auch vorgesehene Gemeindetrakt mit Bücherei, Jugendheim und Pfarrsaal einem späteren Bauabschnitt vorbehalten blieb. Dennoch dürfen die Erfolgsmeldungen nicht außer Acht lassen, dass das gesamte Projekt sich über eine lange Zeit erstreckte und dabei allein in den fünf Jahren der Planung mannigfaltige Veränderungen und auch Rückschläge erfuhr. Das Vorhaben zeigt beispielhaft die Sachzwänge und Widersprüche von städtebaulichen und finanziellen, von architektonischen und liturgischen Gesichtspunkten.

Von den Planungen 1961-1964 bis zur Bauphase 1965-1967

Einen grundsätzlichen Einschnitt bedeutete die Gründung der selbstständigen Pfarrei. Angesichts dieser Ausgangslage tauchten schon bald Überlegungen auf zum Bau eines neuen Gotteshauses. Man stand vor der Alternative, die bestehende Klosterkirche mit ca. 180 Sitzplätzen zu erweitern oder aber eine neue Gemeindekirche zu errichten. Das Votum des neu geschaffenen Kirchenvorstands war eindeutig: Man sprach sich im März 1961 für die Planung einer neuen Kirche auf dem Flächendreieck zwischen Beethoven-(heute Asselborn-), Selbach- und Gottfried-Disse-Straße aus. Hier hatte die Stadt Euskirchen bei ihrer städtebaulichen Planung nach dem Krieg zielgerichtet mehrere Grundstücke erworben bzw. war dabei, sie zu erwerben.[51]

Das Generalvikariat Köln als zuständige Kirchenbehörde erteilte die Vorplanungsgenehmigung für den Neubau vom „Baulichen und Ästhetischen her". Die Sitzplatzzahl wurde in Kenntnis der statistischen Entwicklung auf 350 festgelegt, die Gemeinde zur Wahl eines „erfahrenen Architekten" aufgefordert. Dass der Kirchenvorstand Emil Steffann (1899-1968) mit der Aufgabe betraute, dürfte schwerlich ein Zufall gewesen sein: Der Architekt war einer der profiliertesten und überregional bekannten Kirchenbaumeister. Er hatte sich besonders mit dem Wiederaufbau des zerstörten Kölner Franziskanerklosters,

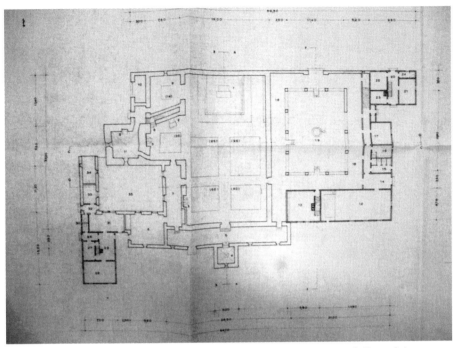

Planung des neuen Kirchenzentrums 1962-1965, erster Entwurf, Grundriss

Planung des neuen Kirchenzentrums 1962-1965, erster Entwurf, Seitenansicht

Planung des neuen Kirchenzentrums 1962-1965, erster Entwurf, Seitenansicht

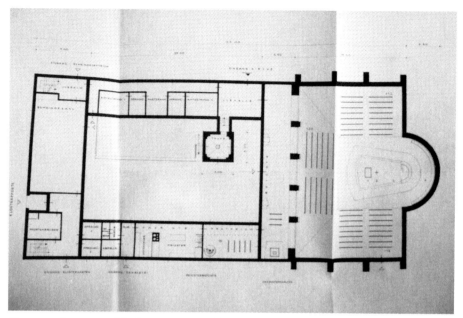

Planung des neuen Kirchenzentrums 1962-1965, zweiter Entwurf, Grundriss

der sog. „Kirche aus den Trümmern", einen Namen gemacht. Seitdem genoss er sicherlich in der rheinischen Ordensprovinz hohes Ansehen und schien für den Bau des Gemeindezentrums in Euskirchen prädestiniert.

Knapp zehn Monate später, im April 1962, legt Steffann seinen ersten Vorentwurf dem Kirchenvorstand vor. Er hat ihn mit seinem Mitarbeiter Heinz Bienefeld, einem Meisterschüler von Dominikus Böhm, ausgearbeitet. Entsprechend den Vorgaben sind die verschiedenen Funktionsgebäude um zwei Höfe an der Nord- und Südseite angeordnet. Über eine Vorhalle an der Westseite sind beide Ensembles miteinander verbunden. Sie umrahmen die zentrale und geostete Gemeindekirche, die sich durch ihre Größe bereits äußerlich von den Nachbargebäuden abhebt. Der Kirchenraum wird nördlich von einem überdimensionierten Turm beherrscht, dessen Haube an die alte Martinskirche erinnert. Auf der gegenüberliegenden Südseite werden die wesentlichen Gemeindebauten um einen zweiten Innenhof – diesmal mit Brunnen, gruppiert. Westlich des Kirchenschiffes gegenüber der Altarinsel sieht der Entwurf eine Taufkapelle vor, die als eine Vorhalle dem Zentralraum angeschlossen ist, der zusätzlich von zwei weiteren Kapellen umgeben ist. Der Kindergarten soll als Solitär an der Nordostecke des Grundstücks gebaut werden.

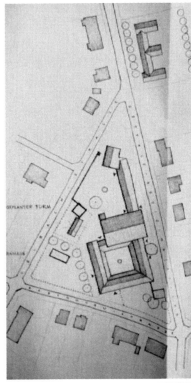

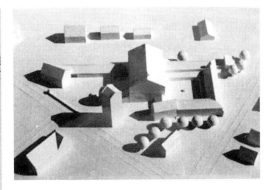

*Planung des neuen Kirchenzentrums
1962-1965, dritter Entwurf, Modell der
Gesamtanlage*

*Planung des neuen Kirchenzentrums 1962-
1965, dritter Entwurf, Situationsplan*

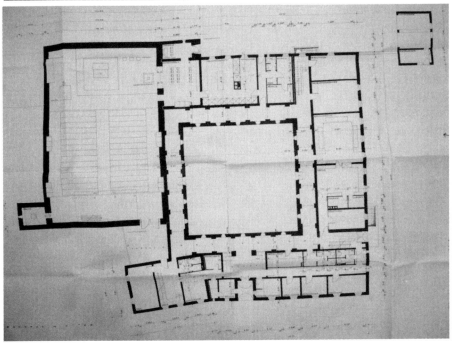

Planung des neuen Kirchenzentrums 1962-1965, dritter Entwurf, Grundriss

Seine innere Geschlossenheit bezieht der Entwurf aus dem Hofcharakter. Das Kirchenhaus auf querrechteckigem Grundriss mit einem mächtigen Satteldach soll aus Bruchsteinen gemauert werden. Die Nachbargebäude dagegen will der Architekt in Fachwerkbauweise und Schwemmsteinen errichten. Die Einheitlichkeit der Gesamtanlage soll nach Steffann durch eine Begrünung entlang der Straßenverläufe hervorgehoben werden. Der Vorentwurf wirkt auf den ersten Blick uneinheitlich. Er mischt Stilformen unterschiedlicher Epochen. Während der hohe dominante Kirchturm ein gotisierendes Architekturzitat ist, gehören Taufkapelle und Narthex (Vorraum) zum altchristlichen und basilikalen Bauen. Aus den beschreibenden Anmerkungen lassen sich bereits zentrale Gedanken einer Architekturkonzeption ableiten, die auch in späteren Entwürfen bestimmend bleiben

Obgleich die Pläne des Architekten die Zustimmung des Kirchenvorstand finden, macht das Generalvikariat (GV) der Gemeinde einen Strich durch die Rechnung. Es sind finanzielle und praktische Gründe infolge „des stark übersetzten Bauvolumens", die den zuständigen Diözesanbaurat zu einem ablehnenden Bescheid veranlassen. Während der Kirchenvorstand den Architekten mit der Umarbeitung beauftragt, wird am 7.9.1962 das Bauvorhaben durch ordensinterne Beschlüsse in Frage gestellt. Der überarbeitete Entwurf vom Oktober 1962, der sog. „reduzierte Vorentwurf" berücksichtigt die Bedenken der kirchlichen Baubehörde. Das heißt: Das Bauvolumen der Kirche wird auf 8000 cbm beschränkt und der Baukomplex im Ganzen klarer gegliedert.

Eine wirklich kritische Bauphase bedeuten allerdings die Umstrukturierungen im Orden. Sie erfordern im Dezember 1963 eine völlige Neukonzeption. Die Kölner Franziskanerprovinz hatte nämlich den Beschluss gefasst, die Internate in Exaten und Euskirchen aufzulösen und nach Vossenack in der Eifel zu verlegen, wo ein neues Schulzentrum gebaut werden sollte. Der Standort Euskirchen war in Gefahr, und das Arbeitsfeld der Franziskaner musste neu festgelegt werden. Die Planung geht nun vom Bau einer Pfarrkirche und eines „Seelsorgeklosters" auf dem neuen Grundstück aus - man hat sich zeitgleich zur Übernahme der Pfarrseelsorge verpflichtet. Für den Kindergarten soll eine Parzelle auf dem alten Klosterareal einbehalten werden. Die Kirche bildet – nach der Baubeschreibung – „zusammen mit den Gemeinderäumen und dem Kloster baulich eine Einheit. Der klösterliche Charakter (…) ist dadurch betont, dass die mit ihrem Chor nach Osten gerichtete Kirche nicht isoliert dasteht, sondern zusammen mit drei übrigen Bautrakten einen Innenhof umschließt."

Der Komplex des Seelsorgeklosters zerteilt das Terrain in Ost-West-Richtung und nimmt die gesamte Höhe des dreieckigen Grundstücks ein. Ausgegliedert sind lediglich das Küsterhaus an der Nordspitze und der „ausdrücklich von der Gemeinde geforderte kräftige Glockenturm". Der Kirchenraum entsteht hier auf querrechteckigem Grundriss und grenzt mit der östlichen Längsseite direkt an die Gottfried-Disse-Straße. Die konsequente Ostung wird durch eine halbkreisförmige Apsis besonders betont. Entsprechend verläuft auch das Satteldach der Kirche mit aufsitzendem Dachreiter. Er erinnert an Vorbilder mittelalterlicher Zisterzienser- und Bettelordenskirchen. Die Kloster- und Gemeindebauten umschließen mit der Kirche einen inneren Gartenhof mit der Taufkapelle. In der Art eines frühchristlichen Baptisteriums bildet sie einen eigenständigen, tiefer liegenden Raum, der über die Vorhalle mit dem Kirchenschiff verbunden ist. Dessen Besonderheit ist die Ausbildung als Zentralraum: Der Altar ist weit in die Raummitte vorgerückt, er steht erhöht auf einem parabelförmigen Podest und wird von allen Seiten umstanden – in der Sprache der Liturgie „circumstantes". Die Gliederung greift also moderne liturgische Bestrebungen auf. Die Werktagskapelle ist dem Hauptraum westlich vorgelagert. Die Einheitlichkeit der Gesamtanlage wird durch die Materialwahl hervorgehoben. Alle Bauten sollen aus roten, verfugten Mauersteinen errichtet werden.[52]

Nach anfänglicher Zustimmung gibt es im Januar 1964 Kritik von Seiten des Kirchenvorstands an der blockhaften Ausbildung, die nicht in die Umgebung passe. Der eigene Vorschlag des Kirchenvorstands versucht den Gesamtkomplex wieder stärker zu gliedern und vorteilhafter auf dem Grundstück zu verteilen. Nicht kritisiert werden die Pläne zum Kindergarten. Die erneute Bauverzögerung führt allerdings zu Reaktionen des Unverständnisses und der Kritik aus der Gemeinde St. Matthias.

Die kritische Planungsphase Anfang 1964 wird durch eine gemeinsam von Architekten, Kirchenvorstand, Franziskanerprovinzialat und Generalvikariat getragene Arbeit in den Monaten März bis Juli 1964 konstruktiv gelöst. Der dritte Vorentwurf gliedert den blockartigen Bau (des 2. Entwurfs) mit seiner achsialen Geschlossenheit von Kirche und Kloster in mehrere dezentrale Baukörper auf. Sie haben unterschiedliche Proportionen und sind leicht zueinander versetzt – bis hin zu winklig angesetzten Gebäudeteilen. Der niedrigere Turm mit Satteldach, der anfänglich neben dem Längsschiff an der Nordseite und mit einer Taufkapelle im Untergeschoss vorgesehen war, wird nun als Solitär an der Selbachstraße geplant. Küsterhaus und Pfarrheim befinden sich schon am heutigen Platz, das letztere soll durch einen Laubengang mit der Kirche verbunden werden. Aufgrund der liturgischen Reformen des II. Vatikanums kommt es noch zu kleineren Überarbeitungen des Kircheninneren. Die bauliche Grundkonzeption steht jedoch fest. Die architektonische, finanzielle und baurechtliche Umsetzung nimmt noch ein weiteres Jahr in Anspruch. Die Bauarbeiten[53] beginnen am 21.9.1965. Das Richtfest kann am 22. Juli 1966 gefeiert werden. Nach 19-monatiger Bauzeit wird die Kirche im März 1967 durch Weihbischof Wilhelm Cleven eingesegnet. Am 3.12.1967 erfolgt ihre endgültige Konsekration.

Modell des Kircheninneren, Altarbereich

Bauarbeiten am neuen Kirchenzentrum, Februar 1966 (Mauerbogen zwischen Kapelle u. Altarraum)

Bauarbeiten 1966, Aufstellung der Altarmensa

Die Architektur des Kirchenzentrums
und das örtliche Bauverständnis

Die Kirche St. Matthias erhebt sich als einfache, schlichte Halle aus dem
Komplex der Nebengebäude. Wer sich ihr über den Vorplatz nähert, steht
einem Bauwerk gegenüber, dessen Bruchsteinmauern von fast einem Meter
unverputzt sind. Sie tragen das verschieferte Satteldach. Das mächtige Mauerwerk wird nur von einem steinernen Giebelkreuz an der Stirnseite und dem
bescheidenen Glockenstuhl auf einer Längswand überragt. Der Zugang zum
Innenraum von 18 x 28 Metern ist nur seitlich über eine Vorhalle oder durch
zwei Nebenkapellen möglich. Der Besucher muss mehrmals die Richtung än-
dern und über mehrere Schwellen gehen, um ins Kircheninnere zu gelangen,
das Kupfer beschlagene Türen versperren. Der einschiffige Saal wird von drei
größeren Fenstern erhellt. Von der offenen Balkendecke hängen Eisenschienen
mit Beleuchtungskörpern und über dem Altarbereich ein gusseisernes Kreuz.
Außer den Kreuzwegstationen an einer Längswand sowie dem Osterleuchter
und Taufstein im Mittelgang ist die liturgische Ausstattung auf Altarmensa,
Ambo und Sakramentssäule in hellem Stein beschränkt. Die Orgelempore wie
die Bankreihen sind aus Eichenholz gearbeitet. Zum ersten Bauabschnitt auf
dem dreiseitigen Grundstück gehören auch das Küsterhaus und der Kloster-
trakt, der sich mit dem Kreuzgang und Innenhof an die Kirche anfügt und
im Obergeschoss die (zehn) Zimmer für die Mönche anbietet. Das gesamte
Ensemble, zu dem später das sog. Forum mit Laubengang bzw. Pergola hin-
zukam, ist einheitlich in Natursteinen errichtet, die in ihren Brauntönen und
mit ihrer groben Oberfläche plastisch wirken.

Beim Euskirchener Gemeindezentrum hat Emil Steffann alle Architektur-
elemente stark vereinfacht. Dazu zählt die Naturhaftigkeit der Materialien
wie der Eifeler Bruchstein aus Grauwacke, aber ebenso die handwerkliche
Ausführung der Zimmermannsarbeit an der Orgelempore, die schmiedeeisernen Gitter und das Kanzelgeländer wie die mundgeblasenen Fenster- und
Türscheiben. Dass die Gläubigen frontal auf den Altarbereich ausgerichtet
sind, ist – entgegen seiner Konzeption, durch die diözesane Bauaufsicht
verlangt worden. Manche architektonischen Einzelheiten finden sich auch in
anderen Bauwerken Steffanns – das Euskirchener Pfarrhaus entspricht dem
Pfortenhaus seines Essener Klosters für die Karmeliterinnen, den Altartisch
auf vier Säulen hat er bereits für das Kölner Franziskanerkloster entworfen.[54]

Das Gotteshaus von St. Matthias, das heute als Verkörperung einer franziskanisch geprägten Kirchengemeinde gilt und damit als die Erfüllung lang
gehegter Wünsche wie eines zielgerichteten Gemeindeaufbaus betrachtet
werden darf, war zum Zeitpunkt seiner Gründung heftig umstritten. Das
öffentliche Interesse während der Plan- und Bauphase war groß, aber nicht

wenige taten sich schwer, die Formensprache des neuen Seelsorgeklosters als ihre neue Pfarrkirche anzuerkennen. Es bedurfte der beharrlichen Erklärung durch diejenigen, die voll und ganz hinter der Architekturkonzeption standen – also des örtlichen Ordenskonvents und des Kirchenvorstands, aber auch des kunstverständigen Kreisdechanten Heindrichs, der sich erneut als Freund und Förderer der jungen Pfarrei erwies. Bei der Einsegnung der noch unfertigen Kirche am 12.3.1967 gab er den „vielen unausgesprochenen Fragen der Gläubigen über die ungewohnte Nüchternheit der Architektur und Ausstattung der Kirche"[55] einleuchtende Antworten. Der Baustil entspreche nicht nur franziskanischen Leitgedanken, sondern sei zugleich die „Abwendung von der Vorstellung der triumphierenden Kirche". Im Sinne des Konzils und der Idee der „wandernden Kirche" müsse man in der schlichten Saalkirche das „Zelt" sehen, dessen Schmuck die Frömmigkeit der Gläubigen sei. Und für Pastor P. Lambert hat der „Geist des Ordensstifters (hier) einen in Stein geformten künstlerischen Ausdruck gefunden" und müsse der „Neubau als ein wahres, unserer Zeit gemäßes Gotteshaus" betrachtet werden.[56] Dem Wortgottesdienst komme eine größere Bedeutung zu, was die Ersetzung der Kanzel durch die breite Lesebühne des Ambo und dessen Nähe zum Altar veranschauliche. In der Klosterchronik des Jahres 1967 fasst der damalige Guardian P. Ekkehard Müller seinen Eindruck in die Worte: „Dr. h.c. Emil Steffann ist es gelungen, Kirche und Kloster zu einer Einheit zu gestalten. Bei allem Einfachen und Herben leuchten franziskanische Freude und Frieden auf ob der Schönheit, die sich darin verbirgt."[57]

Einsegnung der Kirche 1967 (Bild links: P. Ekkehard Müller, Dechant Heindrichs und P. Pastor Lambert)

Einen großen Raum nehmen in der Presse die Bau-Erläuterungen über Kirche und Kloster ein. Nicht wenige Überschriften geben ein Urteil ab: „Außen wie im Innern franziskanisch streng", „Für alle Zeiten fest begründet", „Sichtbare Kirche als Zelt auf dem Weg …", „Gotteshaus von ergreifender Schlichtheit", „Zweckmäßigkeit und Schlichtheit beeindrucken Kirchenbesucher"[58] Die Artikel befriedigen aber mehr das Informationsbedürfnis als dass sie kommentieren. „In ihr (der Kirche, d. R.) gibt es keine aufstrebenden Pfeiler, keine Bögen, die das Schiff unterteilen. Eine hölzerne Empore für die Orgel, über der Tür zur Taufkapelle, ist die einzige Unterbrechung im Andachtsraum. Die Fenster liegen hoch. Sie sind verhältnismäßig klein. Kein buntes Glas stört die Schlichtheit. Trotz der geringen Größe geben sie Licht in einer Fülle, die das ganze Kirchenschiff erhellt. (…) So hat die Kirche keine Innendecke. Die Dachkonstruktion liegt den Blicken frei. (…) Mittelpunkt des Komplexes ist der Klosterhof, eine Oase des Friedens mit einem Brunnen in der Mitte. (…) Im Obergeschoss des Klostertraktes liegen die Wohnräume der Kommunität, für jeden der Mönche einen Raum. Umlaufende Flure verbinden sie miteinander. Die Wände sind mit naturbelassenem Holz getäfelt. Rote Steinplatten bilden den Fußboden. Alles ist schlicht, auf das Notwendigste beschränkt. Unverkleidet ist auch das Dachgestühl des Kreuzgangs im Erdgeschoß (…)"[59] „Die Orgelbühne an der Westseite ist aus massivem Eichenholz gefertigt, sie wird von vier Stützen getragen. Im Altarraum ist das Chorgestühl für die Mitglieder des Franziskanerkonvents untergebracht (…) Im westlichen Teil ist die Taufkapelle eingerichtet, sie macht den Eindruck einer frühchristlichen Katakombe. An den Altarraum schließt sich …die Anbetungskapelle an, die mit der Kirche durch einen Rundbogen verbunden ist. (…) Vom Eingang an der G.-Disse-Straße betritt man einen kleinen Andachtsraum (…)"[60] „Das Giebelkreuz (an der westlichen Stirnseite der Kirche) zeigt … den ungeteilten Rock Christi, nach dem Vatikanischen Konzil zum Symbol der Einheit der Christen geworden. Durch die(se) Darstellung (…) wird der Bezug von St. Matthias zum Heiligen Rock und zur Benediktinerabtei in Trier hergestellt."[61]

Der Architekt und seine Bauideen –
Wie die neue Kirche zur neuen Pfarrei passt

Die Sakralarchitektur von Emil Steffann war und ist bis heute in Euskirchen umstritten. Obwohl er mit Dominikus und Gottfried Böhm, Rudolf Schwarz und Karl Band zu den großen wegweisenden Kirchenbaumeistern im Rheinland zählen darf, geht es beim Meinungsstreit außer den ästhetischen Gesichtspunkten um Grundfragen von Theologie und Architektur. Steffann will – nach Bernhard Kahle, „einfache Kirchenräume in nach innen gekehrter Abgeschlossenheit" bauen. In dem Bemühen, der zeitgenössischen kontemplativen Religiösität einen Raum zu schaffen, werden archaische Bauformen betont. Sie sollen nicht als historisierender Rückgriff, als ängstlicher Traditionalismus oder antimodernes Denken missverstanden werden. Architektur folgt nach Steffann elementaren Bedürfnissen nach Geborgenheit und Behausung. In ihrer geometrischen Einfachheit und materiellen Echtheit steht sie für „Urbilder" (Archetypen) des Bauens. Nicht von ungefähr greift Steffann somit auf Stilelemente spätantiker und romanischer Bautypen wie Atrium, Taufkapelle und Vorhalle (Narthex) zurück. Seine formale Askese kommt aber aus einer spirituellen Haltung: nämlich Emil Steffanns Begegnung mit der dörflichen Architektur Lothringens und vor allem mit Assisi. Dieser Ort wurde ihm zu einem Schlüsselerlebnis und hat ihn zu einem architektonischen Credo gebracht, das mit dem franziskanischen Geist der Armut und Einfachheit am besten umschrieben ist.

In der Fachliteratur wird Steffanns Absage an die moderne zweckrationale oder expressionistische Bauweise mit seiner Suche nach Wahrhaftigkeit erklärt: Er sei ein „Baumeister verhaltener Größe", dessen Kirchen sich unaufdringlich in die Umgebung einfügen und aus ihrer dienenden Rolle abgeleitet werden müssen. „Kirchenbau missrät" – so Steffann selbst, „wenn er mehr darstellen soll, als er ist." Eine Kirche als Architektur könne heute nur als „heiliger Raum" von innen her gestaltet werden und müsse unter zwei Prinzipien stehen: dem der Liturgie und der Gemeinde. Das sei keine Frage des Stilempfindens, sondern einer zeitgemäßen Religiösität, wie sie mit dem Geist des II. Vatikanischen Konzils in Einklang stehe. Sein Kirchenbau wird damit zu einer theologisch durchdachten Architektur, die scheinbar toten Steine zu lebendigen Steinen.

Die Bauideen versteht Emil Steffann als zeitlose Urbilder. Sie sind auch in St. Matthias zu Stein geworden. Der Architekt hat seine Zeichensprache hier bewusst eingesetzt und Entwürfe mehrfach vereinfacht und Schnörkel weggelassen, um die Prinzipien von Strenge und Echtheit nicht nur in den Baumaterialien einzuhalten. Als erstes Leitbild gilt ihm das <u>Haus</u>. Es ist eine Grundnotwendigkeit des Bauens und Sinnbild der „Behausung, des Bergens und Bleibens". Die Kirche wird als Haus der Gemeinde verstanden. Sie bietet Raum für die erneuerte Liturgie und hat ein erstes Vorbild in seiner lothringischen „Scheunenkirche" von Boust mit ihrem Bruchsteingemäuer und breitem Satteldach. In Euskirchen bildet das Kirchenhaus unter einem offenen, hellen Dachstuhl die Mitte des Kirchenzentrums. Die Wände aus Eifeler Bruchstein sind unverputzt und wirken in ihrer Massigkeit als schützende Mauern. Sie gewähren nur wenige Durchlässe. Die Öffnungen sind keine Triumphpforten. Der Weg zum Altar als Mitte des Glaubens geht über Vorräume, unterschiedliche Ebenen und wechselnde Richtungen. Es sind in der Sprache des Architekten Raumzonen, die zur stufenweisen Annäherung und zum Verweilen auffordern. Das Auge muss zur Ruhe kommen, damit sich der Glaube von innen her entfalten kann. Zuviel grelles Licht schadet daher. Die drei großen Fenster, farblos verglast, in den Hauptmauern geben hinreichende Helligkeit, der Fensterschlitz der Stirnwand hinter dem Altar bringt das aufgehende Licht aus dem Osten in den Kirchenraum.

Unzweifelhaft beruht die Wirkung, die das Kircheninnere von St. Matthias auf den Besucher macht, auf seinen Raummaßen und der Materialität. Wer eintritt, wird nicht durch auffälligen Schmuck abgelenkt, sondern eingefangen von einer Stimmung, die ruhig werden lässt und zur Besinnung einlädt. Das Außen und Innere, aber auch Großes und Kleines sind aufeinander abgestimmt und bezogen. Die Architektur und die künstlerische wie handwerkliche Ausgestaltung bedingen sich und sind das Ergebnis eines Gesamtkonzepts. Es ist nur folgerichtig, wenn Emil Steffann und seine Mitarbeiter die Innenausstattung entworfen haben oder bei der Auswahl der Künstler bzw. Werkstätten das entscheidende Wort hatten. Auf die Ideen und Zeichnungen des Büros Steffann gehen die wesentlichen Einrichtungen und Bauelemente zurück. Die Steinmetzarbeiten wurden – meist in Eifeler Grauwacke, von dem bodenständigen Handwerksbetrieb Porz aus Weibern (Kreis Mayen) ausgeführt.

Die Entwicklung zum Kirchenzentrum - Bau des Kindergartens und Forums

Als die Euskirchener Findungskommission 1961 beim Besuch von „Maria in den Benden" die Düsseldorfer Arbeit Emil Steffanns lobte, traf sie auch eine Entscheidung für ein Gesamtkonzept, nicht nur für einen Kirchenbau. Von Anfang an hatte man sich für ein „Kirchenzentrum" und damit für ein Gebäude-Ensemble mit mehreren Funktionen entschieden. Es entsprach der modernen Zeitströmung und war ebenso ein seelsorgliches Anliegen, in neuen Stadtvierteln einen geistig-geselligen wie geistlichen Mittelpunkt zu schaffen. Für das südstädtische Streben nach Selbstständigkeit lag es nahe, das Klosterpfarrhaus durch einen Kindergarten, ein Küsterhaus und ein anfänglich so benanntes Pfarrheim zu ergänzen. Alles sollte dicht beieinander errichtet werden auf einem Flächendreieck, dem späteren „Franziskanerplatz".

Die Dringlichkeit gebot es, zuerst an die Kindertagesstätte zu denken, deren bisherige Unterbringung in der Südschule nicht fortdauern konnte. Schon im Frühjahr 1962 hatte das Erzbistum einen Neubau genehmigt. Die Parzelle (von ca. 100 x 50 m) gehörte zum alten Klostergarten und war nicht mitverkauft worden, nachdem mit dem 2. Vorentwurf Anfang 1964 ein KINDERGARTEN auf dem Kirchengrundstück keinen Platz mehr hatte. Fast unbemerkt von der Öffentlichkeit und innerhalb eines guten Jahres entstand (im Büro Steffann unter Leitung von G. Hülsmann und K. Müller) ein funktionales Gebäude an der Gottfried-Disse-Straße. Zeitgleich mit den Bauarbeiten an Kirche und Kloster ging es voran. Im Mai 1966 konnte Richtfest gefeiert werden, am 16.April 1967 wurde das in rotem Ziegelstein gemauerte Gebäude mit drei Gruppenräumen, Aufenthaltsräumen und zwei Personalwohnungen eröffnet. Es war ein helles, freundliches Haus geworden, das damals allen pädagogischen und technischen Anforderungen entsprach. Neben der rück-seitigen „Spielwiese" entstanden durch die vorspringenden Gruppenräume „kleine geschützte, besonnte Höfe". Die Entfernung zum Kirchenzentrum erlaubte es, nur in Ansätzen dessen Architektursprache zu übernehmen und auf Naturstein-Material zu verzichten. Wenn man heute das Gebäude des Kindergartens nicht als Teil eines einheitlichen Baukonzepts aus dem Büro Steffann wahrnimmt, ist dies mitbedingt in der Tatsache, dass ursprünglich Ziegel-Mauerwerk für alle Bauten vorgesehen war.[62]

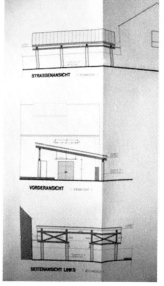

Kirchenzentrum, Forum mit überdachtem Vorraum (sog. Pergola)

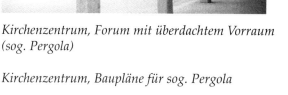

Kirchenzentrum, Baupläne für sog. Pergola

Mehr Aufmerksamkeit verdient die Entstehung des heutigen FORUM. Als unverzichtbarer Bestandteil für die architektonische Einheit des Ensembles war es erst für den 2. Bauabschnitt vorgesehen und konnte zwischen 1973 und 1975 errichtet werden. In der Namengebung lassen sich die veränderten Bauentwürfe ablesen und die Handschrift des Pastors P. Ansgar, der ihm die neuen Funktionen zuteilte. Er war die treibende Kraft bei der Beschaffung der Geldmittel und für das Konzept, das dem Haus zugedacht war. Im Protokoll heißt es: „Das Bauvorhaben wird ab sofort die Bezeichnung „Gemeindezentrum Südstadt" statt Kath. Pfarrheim St. Matthias erhalten." Man betont, dass dies „baurechtlich nicht von Bedeutung, wohl aber politisch von Gewicht" sei. Mit der „neuen Deklarierung" werde vor allem hervorgehoben, dass das Vorhaben „eine Begegnungsstätte aller Südstadt-Bewohner" werden soll, da „seitens der evangelischen Kirchengemeinde nicht an die Verwirklichung einer entsprechenden eigenen Baumaßnahme in der Südstadt gedacht sei. Die Berechtigung des neuen Namens dürfte damit unterstrichen sein."[63]

Das Bauvolumen und seine Funktionen waren vorgegeben. In einen zweigeschossigen Saal, der mit einem Gruppenraum verbunden ist, sollte die Bibliothek als Galeriegeschoss eingebaut werden; im Keller waren die Werkräume vorgesehen. Das gesamte Gebäude musste sich „in Form und Ausbildung streng nach dem Charakter der bestehenden Anlage" richten. Das Ergebnis entspricht der Planung. Mit Kirche und Kloster bildet das Forum seit seiner Einweihung am 20.7.1975 auch durch seine Natursteinfassade eine harmonische Einheit. Dass zur Mitfinanzierung eine Sammelaktion beigetragen hat, für die P. Ansgar kräftig die Werbetrommel rührte, sei nur am Rande erwähnt. Als ein langwierigeres Unternehmen und nicht frei von Spannungen gestaltete sich der Verbindungstrakt zur Kirche - der 2000 fertig gestellte „Neubau der PERGOLA am Forum St. Matthias", so die aktenmäßige Bezeichnung. Schon acht Jahre vorher hatte das Generalvikariat sein Einverständnis für eine bessere Nutzung der bestehenden Pergola gegeben. Sie sollte vom Architekten Hülsmann neu entworfen werden und eine Überdachung erhalten, um einen zusätzlichen öffentlichen Raum für Pfarrveranstaltungen zu bieten. Am Ende standen drei Vorschläge zur Wahl, sie unterschieden sich vor allem durch die Gestaltung in Form eines Sattel-, Rund- oder Pultdaches. Die Pergola wurde schließlich nach dem Entwurf eines baukundigen Kirchenvorstandmitglieds mit dem jetzigen abgeschrägten Dach verwirklicht.

Anmerkungen

1 Vgl. dazu R. Weitz, Euskirchen in der Kaiserzeit, in: Geschichte im Kreis Euskirchen Jg.6, 1992.
2 H. Schmitz, Das Franziskanerkloster in Euskirchen von seiner Gründung 1916 bis zu seiner Schließung 2010, Typoskript Bonn 2011, S. 7-12.
3 Vgl. zum Ganzen: G. Fleckenstein, Die Franziskaner im Rheinland 1875-1918, S. 79-82 und H. Schneider ofm, Das Franziskanerkloster Euskirchen von 1915-2010, Sonderheft der ZS Rhenania Franciscana Jg.63, 2010.
4 Artikel im Euskirchener Volksblatt (EV) vom 24.8.1926.
5 G. Fleckenstein, Franziskaner, S. 81.
6 Ebd. S. 80, Brief Faßbender an Breisig vom 9.4.1914.
7 Vgl. R. Weitz, a.a.O., S.33-48 (Inspektor Kreis 1906 u.a. betr.).
8 Archiv der Kölnischen Franziskanerprovinz (AKF) 4/2 Nr.15, Jahreschronik 1916 – H. Schneider, a.a.O., S.3 - H. Schmitz, a.a.O., S. 11.
9 Besitz von Kirchengemeinde, Marienhospital, Stadt, C. Steinhausen und Erben Ruhr-Lückerath.
10 AKF 4/2, Nr. 15 Jahreschronik 1918.
11 AKF 4/2, Nr. 15 Jahreschroniken/ Vita Seraphica 1917, 1918.
12 Umbau 1956, vgl. H. Schneider, a.a.O., S.43.
13 Bgm. Disse im EV vom 24.8.1926.
14 Mitteilung vom 31.8.1921. Vgl. zur Planungsphase auch H. Schneider, a.a.O., S. 3-5.
15 EV vom 21.8.1926.
16 Vgl. dazu insgesamt: AKF 4/2 Nr.15, Jahreschroniken/Vita Seraphica 1924, 1925, 1926.
17 Provinzkapitel am 1.6.1938.
18 AKF 4/2, Nr. 15, Jahreschronik 1936,1940.
19 P. Ekkehard Müller in Rhenania Franciscana Jg.13. 1960, H.3.
20 AKF 4/2, Nr.31, P. Hildebrand an Provinzial vom 9.10.1942.
21 AKF 3, Nr. 258, P. Hildebrand an Provinzial 28.6.1941 und ebd., Manuskript 1949 über „Entstehung u. Entwicklung des Pfarr-Rektorats St. Matthias 1941-1947" (Autor wohl P. Hildebrand Vaasen).
22 AKF 3, Nr. 258, P. Ladislaus an Provinzial vom 14.10.1943.
23 AKF 3, Nr. 258, Schreiben z. B. der Familien Hänel u. Dr. Möltgen, von M. Gerhardus, Hub. Güldenring. Ludw. Fingerhut, Heinr. Groß u. Geschw. Bachem.
24 Bezug auf Synode von 1937, can.475+462 Cod.jur.can.
25 H. Schneider, a.a.O., S.40.
26 AKF 3, Nr. 258, J. Kleinertz an Provinzial vom 27.10.1949.
27 Vgl. dazu AKF 4/2, Nr. 31, Korrespondenzen mit Provinzial vom 22.8.1944 u. 22.9.1944, GV an Pfr. Koerfer 20.8.1944, letztes Zitat aus: P. Ekkehard Müller in Rhenania Franciscana Jg.13. 1960, H.3.
28 AKF 3, Nr. 256 (Manuskript „Kloster Euskirchen", ca.1959).
29 AKF 4/2, Nr.15, Jahreschronik 1941.
30 O. Linden ofm, Die Franziskaner in Euskirchen,in: 650 Jahre Stadt Euskirchen 1302-1952, Bd. 1, S. 154 f. -Vgl. auch H. Schmitz, a.a.O., S. 12 und J. Schmiedel in: H. Schneider, a.a.O., S. 103.
31 AKF 4/2, Nr. 15, Nachrichten aus unserem Familienkreis (Ersatz für die Jahreschroniken Rhenania Franciscana) 1945, S.296.
32 Ebd.
33 AKF 3, Nr. 256 (Manuskript „Kloster Euskirchen", ca.1959).
34 Chronik des Studienheims St. Franziskus 1948-1952, S. 56, 59.
35 H. Schneider, a.a.O., S. 59 f.
36 Vgl. insgesamt dazu H. Schneider, a.a.O., S. 56-58 u. 60.
37 Chronik des Studienheims St. Franziskus 1948-1952, Jahresbericht 1950, S. 9, 13, 17.
38 AKF 4/2: Fotosgl., Chronik des Studienheims u. Korrespondenz Architekt H. Thoma an P. Antonellus Engemann vom 24.5. u. 28.6.1950.

39 Chronik des Studienheims St. Franziskus 1948-1952, Jahresbericht 1950, S. 18.

40 Das Gespräch mit Klaus Thiel führte führte Ernst Werner am 14. August 2012. .

41 H. Schmitz, a.a.O., S. 14 + H. Schneider, a.a.O., S. 58, 122.

42 AKF 4/2, Rhenania Franciscana 1967, Jg. 20, H. 3 Chronik P. Ekkehard Müller zu Euskirchen.

43 Gereon Kübel ofm, Der Umbau der Klosterkirche in Euskirchen, maschinenschriftl. MS 1956, (nach H. Schneider, a.a.O., S. 43 f. u. 51).

44 H. Schneider, a.a.O., dort MS S. 43-53. Dort Bezug auf Text von R. Schwarz, in: Internat. Ausstellung kirchlicher Kunst der Gegenwart, Salzburg 1956.

45 AKF 3, Nr. 256, Jahresbericht 1956.

46 KRS vom 4.8.1956 und H. Schneider, a.a.O., S. 43 ff (Umbau der Franziskanerkirche 1956 betr.).

47 KRS vom 29.4. u. 30.4.1960.

48 Vgl. insgesamt AKF 3, Nr. 258.

49 PfA St. Martin Euskirchen, Bestand St. Matthias Nr. 46, Kirchenvorstandsprotokoll (KV) vom 12.7.1960 und PfA Nr. 92.

50 Zum Vorhergehenden: PfA Nr. 46 , KV-Protokolle vom 8.6.1961,7.2.1963, 13.9.1963, 9.1.1964 u. PfA 173, Baubuch vom 5.2.1965.

51 Verkauf u.a. von Erben Lückerath. Ein zeitgleich ins Gespräch gebrachter alternativer Bauplatz an der Kirschenallee wurde als illusorisch abgelehnt, da er ein Wachstum der Südstadt auf ca. 9.000 Einwohner voraussetzte.

52 Zitate aus Baubeschreibung Emil Steffanns vom 14.12.1963.

53 Der Kostenrahmen beträgt 965.045, - DM.

54 C. Lienhardt, E. Steffann-Werk,Theorie,Wirkung, Regensburg 1999 (u.a. mit Aussagen von G. Hülsmann), vgl. auch C. Relles, Pfarrkirche St. Matthias Euskirchen, maschinenschriftl. MS der Examensarbeit an FH Köln 2002.

55 KRS vom 14.3.1967.

56 Kirchenzeitung vom 23.3.1967.

57 AKF 4/2, Rhenania Franciscana 1967, Jg. 20, H. 3, Chronik Euskirchen von P. Ekkehard Müller, S. 106.

58 Kölner Stadt-Anzeiger (KStA) vom 15.3.1967,15.7.1967, KRS vom 14.3.1967, 22.7.1967.

59 KStA vom 15.3.1967.

60 Kirchenzeitung vom 23.3.1967.

61 KStA vom 23.9.1966.

62 KRS vom 27.5.1966, 4.1. u. 16.4.1967 - PfA Nr. 174, KV-Protokolle vom 16.5.1963, 8.11.1963, 9.4.1964.

63 PfA Nr. 46,47, KV-Protokolle 1973 und 1975.

Anhang: Kirchenarchitektur und Kirchenausstattung

Zur Person Emil Steffanns

Emil Steffann (1899–1968) erhält eine bildhaue- rische Ausbildung und erwirbt bauhandwerk- liche wie technische Kenntnisse in der Praxis. Während eines längeren Aufenthalts in Assisi konvertiert er 1926 zum Katholizismus und macht in den 1930er Jahren die Bekanntschaft des bedeutenden Architekten Rudolf Schwarz, der sein eigentlicher Lehrer und Freund werden sollte und ihn in den Kreis um den Theologen und Liturgiker Romano Guardini einführt. In den Kriegsjahren arbeitet er mit ihm im besetz- ten Lothringen am Wiederaufbau zerstörter Ort- schaften. Dabei entstehen die „Scheunenkirche" in Boust, die später seinen internationalen Ruf begründet, und eine „Baufibel". Nach seiner  Rückkehr ins Rheinland mit Wohnsitz in Meh- lem bei Bad Godesberg beginnt 1950 mit dem Auftrag für das Franziskanerkloster in der Köl-

Architekt Emil Steffann (1899 - 1968)

ner Ulrichgasse seine erfolgreiche Tätigkeit als Kirchenbauarchitekt. In seinem Büro entstehen über 40 Entwürfe für den Neubau oder Umbau von Kirchen, Klöstern und Gemeindezentren. Seine Mitarbeiter Manfred Ott, Nikolaus Rosiny und Gisberth Hülsmann kommen aus der Schule Egon Eiermanns, Heinz Bienefeld ist Schüler von Dominikus Böhm. Bekannte und bauhisto- risch gewürdigte Arbeiten Emil Steffanns sind u. a. „Maria in den Benden" in Düsseldorf-Wersten (1959), das Karmeliterinnenkloster in Essen-Stoppenberg (1963), St. Laurentius in Köln-Lindenthal (1962), St. Hildegard in Bad Go- desberg (1962) und St. Hedwig in Köln-Höhenhaus (1968). Sie entstehen im zeitlichen Umfeld des Euskirchener Kirchenbauvorhabens und können ver- gleichend hinzugezogen werden. Nicht unberücksichtigt bleiben sollte auch, dass Steffann bereits 1958 mit der Erweiterung der Palmersheimer Dorfkirche und dem Bau des Benediktinerinnen-Priorats in Steinfeld hierzulande tätig wurde. Seine Architekturauffassung nimmt das menschliche Grundbedürfnis nach Heimat zum Maßstab. Der Kirchenbau will eine gemeinschaftsbildende Kraft ausstrahlen. Er schafft schlichte , einfache Räume, die offen sind für die Mahlfeier einer mündigen Gemeinde.

Zu Emil Steffanns Bauideen

Assisi
Assisi ist für Steffann die Gestalt aus erfülltem Beisammensein, das nicht nötig hat, in unehrliche, verstiegene, subjektive Illusionen von Himmelsvorstellungen oder gar Himmelsdarstellungen zu flüchten. Assisi gibt die Möglichkeit, auch vom Glauben her ja zu sagen zum Stoff, zur Körperlichkeit der Mauern, zu Kubus und Würfel und zur verborgenen Welt der Kellergelasse und der romanischen Dome.

Armut, Askese und Einfachheit
"Die Einfachheit ist mit der Armut eng verbunden; die Einfachheit, die in der deutschen Sprache vertauscht werden könnte mit der ,Einfalt'. Wir brauchen dringend eine solche Einfalt in der Vielfältigkeit unserer modernen Zivilisation, die immer verwickelter wird. Wir brauchen jene Einfalt, die nur den wahrhaft Armen geschenkt wird, denn das Himmelreich gehört ihnen — den Armen."

Weg, Raum, Versammlung
In seinem Prozessionskonzept und in der Anlage der Wege zum Raum und im Raum finden wir eine neue Verwirklichung der alten Wegmeditation. Die Versammlung erfährt sich umschlossen von den Mauern, zusammengefasst unter einem Dach.

Wand, Fenster und Tor
Die Elemente des Bauens erscheinen nicht in raffinierten Kombinationen und komplizierten Gefügen, sondern in ihrer einfachen, unmittelbaren Gestalt: Fenster als rechteckige Lichtöffnungen in einer Mauer, Tür und Tor als begrenzter Durchlass in einer undurchlässigen Wand. Wie ein Trichter sollen Fenster die Wand öffnen und das Licht durchströmen und es in die Finsternis leuchten lassen. Steffann hat eine Vorliebe für überlieferte Baumaterialien. Im Gefüge aus Steinen sieht er Spuren des Vergangenen. Mit der Lebendigkeit des Steinmaterials und seiner „Geschichte" sucht er den Mauern eine neue Gestalt zu geben. Er erkennt z.B. in den Trümmersteinen der Kriegs- und Nachkriegszeit „verachtete Kostbarkeiten".

Zitate u. Aussagen aus der Literatur zu Leben und Werk des Architekten: Christliche Kunstblätter H. 3 / 1969 (u. a. G. Rombold, H. Kückelhaus) - G. Hülsmann (Hg.), Emil Steffann-Katalog, Bonn 1984 - J. Heimbach, Quellen menschlichen Seins und Bauens offen halten - Der Kirchenbaumeister E. Steffann, Altenberge 1995 - W. Pehnt, Stilwille u. karge Zweckmäßigkeit, in: FAZ 14.3.1998 - Vgl. auch: Studientag der Werkstatt Baukultur Bonn am 17.11.2012 in Bonn unter dem Thema: Emil Steffann und der Kirchenbau der Nachkriegsmoderne in Deutschland.

St. Matthias, Kirche u. Klosterpfarrhaus vom Franziskanerplatz aus (2012)

Blick in den Innenhof des Klosters (2012)

Kloster- u. Kirchenfront von der G.-Disse-Straße aus (2012)

Teil des Klosters von der Asselbornstraße aus (2012)

Blick auf die Westwand der Kirche vom Eingang aus

Eingangsbereich zur Kirche (2012)

Dachreiter mit Glocke (2012)

*St. Matthias, Fenster- und
Türöffnungen am äußeren Mauerwerk
(2012)*

St. Matthias, Fenster im Klostergang (2012)   Klostergang

St. Matthias, Kircheninneres mit Langschiff (2012)

Kirchenausstattung

Der Tabernakel steht auf einer Steinsäule zwischen den Bogenöffnungen eines hausähnlichen Aufsatzes, dessen Dachgiebel wie eine durchlaufende Kreuzblume gearbeitet ist.

Die Tischplatte des Zelebrationsalters ruht auf vier Säulen. Er ist nach dem Vorbild der Franziskanerkirche in der Kölner Ullrichgasse gearbeitet.

Als Kanzel dient ein breites Steinpodest, das von einem schmiedeeisernen Geländer eingefasst ist. Das hölzerne Lesepult in grauer Steinoptik bleibt ein Provisorium.

An Stelle der jetzigen drei Priestersitze sollte nach einem früheren Entwurf eine aufwändigere Bank stehen, die aber wegen ihrer wuchtigen Maße nicht die Zustimmung von Architekt und Konvent fand.

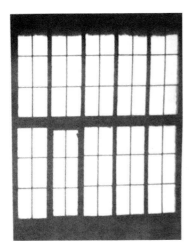

Das Taufbecken aus Aachener Blaustein stand anfangs in der heutigen Opferkapelle. Es hat seinen Platz im Mittelgang neben dem Osterleuchter und ist aus einem Block herausgearbeitet, der sich nach unten verjüngt.

Die zwölf Apostelleuchter an den Wänden des Kirchenschiffs sind handgeschmiedete Kerzenhalter und leicht nach oben gebogen, um die Schale zu tragen.

Die drei großen Fenster der Langseiten und der Westwand haben einen eisernen Rahmen im Raster von zehn rechteckigen Feldern. Sie sind in klarem mundgeblasenem (Danziger) Glas gehalten, obwohl ursprünglich an eine farbige figürliche Fassung nach Entwürfen von Konrad Schäfer gedacht war. Die kleinen Fenster der Altarwand und der Kapellen betonen die Trichterform des Mauerwerks.

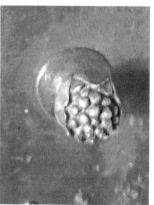

Das doppeltürige Hauptportal aus hellem Sandstein nach dem Entwurf von Emil Steffann ist in eine Rundbogenöffnung des Mauerwerks eingelassen. Die hölzernen Türen sind außen mit Kupferblech verkleidet und mit Türknäufen aus Bronze und in Zapfenform zu öffnen. Ähnliche Türmerkmale zeigen die beiden Nebeneingänge.

Vgl. dazu insgesamt: Nadja Montefusco, Die kirchliche Ausstattung der Kirche St. Matthias, Typoskript Koblenz 2009 (Exemplar im PfA St. Martin Euskirchen)

Drei große Arbeiten zur Kirchenausstattung stammen von Jochem Pechau (1929–1989). Er studierte an den Kölner Werkschulen, lebte und arbeitete in Köln sowie im Steinmetzdorf Weibern in der Eifel. Neben Tabernakeln und Taufbecken in Kirchen von Gottfried Böhm und Fritz Schaller schuf er den Marienbrunnen vor der Schwarzrheindorfer Kirche und Holzschnitte zu religiösen Themen. Seine Euskirchener Arbeiten sind herausragende Beispiele seines Kunstschaffens:

Das Großkreuz aus schwarz lackiertem Eisenguss hängt seit 1971
über dem Altar. Vor den rohrartigen Balken schwebt „ein grob
gegliederter Korpus im Dreinageltypus. Das Haupt mit Dornen-
krone und kurzem Bart, starken Gesichtszügen und vorstehenden
Augen ... erinnern an romanische Kruzifixe. Das Blut der fünf
Wundmale ist plastisch herausgearbeitet... Das breite Lendentuch
bedeckt den Korpus von der Brust bis zu den Knien, darunter
scheinen textilartige Fetzen hervorzuquellen."

Das steinerne Giebelkreuz (1966) außen an der Westwand stellt den ungeteilten Rock Christi dar. Es ist ein Symbol für die Einheit der Christen nach dem 2. Vatikanischen Konzil und zugleich ein Bezug zum Hl. Rock der Matthias-Abtei in Trier. Das Hochrelief auf der Kreuzoberfläche zeigt den Faltenwurf und das geknotete Zingulum.

Die vierzehn quadratischen Tafeln an der Nordwand zeigen die Stationen des Kreuzwegs und stammen aus den Jahren 1967 bis 1969. Sie sind als Hoch- und Flachrelief in schwarz lackiertem Eisenguss gearbeitet. „Die verschiedenen Szenen der Passionserzählung werden wie auf einer Bühne (…) präsentiert. (…) Die Figuren sind reduziert, fast marionettenartig, gestaltet, die Szenen meist großflächig dargestellt."

Der Osterleuchter von 2004 des Düsseldorfer Künstlers THOMAS JESSEN erhebt sich auf einem würfelförmigen Fuß mit zwei Basaltlavapfeilern. Der obere Würfel zur Aufnahme der Osterkerze ist bildnerisch mit zwei Szenen gestaltet. Die Ostseite stellt die Frauen am Grab dar, die westliche die Höllenfahrt Christi. „Die Figuren sind leicht mit Bleistift monochrom skizziert und heben sich nur sanft vom weißen Hintergrund der Mauerwerkstruktur ab... Die Komposition und besonders der Gestus erinnern stark an Prototypen der Ikonentradition. Der Höllenabstieg Jesu wird besonders in der byzantinischen Kunst dargestellt." (Das Kunstwerk geht auf eine Initiative von Br. Franz Leo zurück.)

Zitate aus Nadja Montefusco, Die kirchliche Ausstattung der Kirche St. Matthias, Typoskript Koblenz 2009 (Exemplar im PfA St. Martin Euskirchen)

Das Vortragekreuz (2009) von Norbert Radermacher ist aus vier Kreuzbalken einer jahrtausendalten Mooreiche gefertigt und mit Elfenbein belegt. Das Holz steht für die Schöpfungsgeschichte Gottes bis zur Gegenwart, das Elfenbein symbolisiert das menschliche Gebein und die Kristalle weisen auf die Klarheit des Göttlichen.

Einsegnung des Vortragekreuzes (im Hintergrund: Pfr. Tobias Ewald und Diakon W. Jacobs)

Die Orgel der Firma A. SEIFERT (Kevelaer) steht seit 1987 auf der dafür vorgesehenen Empore. Der Prospekt aus Eichenholz für die 25 Register und 1604 Pfeifen wird aus rechteckigen Gefachen gebildet, die eine Pyramidenspitze tragen. Sie verdecken das Westfenster und verdunkeln den Kirchenraum.

Die fast lebensgroßen Holzfiguren unter der Orgelempore, hier der
Hl. Franziskus, stammen aus dem Barock (wohl frühes 18. Jh.) und
gehörten früher in die Euskirchener Klosterkirche der Kapuziner.

Kapitel 2

Die Pfarrei St Matthias nach dem 2. Vatikanischen Konzil –

Gemeindepastoral im franziskanischen Geist

von Ernst Werner

Im Herbst 2010 haben die Franziskaner das Kloster in der Euskirchener Süd-stadt und die Gemeinde St. Matthias verlassen. Viele Gemeindemitglieder denken noch heute mit Wehmut an die früheren Zeiten mit den Franziska-nern zurück. Fragt man nach, was denn eigentlich vermisst wird, fallen die Antworten nicht eindeutig aus. Mal ist es die Art und Weise, wie die Gottes-dienste gefeiert wurden, mal ist es die Person einzelner Franziskaner oder die vielfältigen Aktivitäten in der Gemeinde, die vermisst werden. Es kann aber auch heißen: Wir vermissen Lebendigkeit und Atmosphäre, die typisch für das Gemeindeleben in St. Matthias waren. Oder es wird vom „franziskanischen Geist" gesprochen, der verloren gegangen ist.

Dieser Aspekt soll im Folgenden näher in den Blick genommen werden: Worin besteht der „franziskanische Geist", der die Gemeindepastoral in St. Matthias geprägt haben soll. Gab es ein spezifisches „franziskanisches Profil" in dieser Gemeinde, und wie lässt es sich ggf. beschreiben?

Der Versuch, die hier umrissenen Fragen zu beantworten, hat spezifische Vorzeichen zu beachten. Zunächst geht es um eine gesamtkirchliche Ent-wicklung, die deutliche Spuren hinterlassen hat. Im Zusammenhang mit der Erneuerung kirchlichen Bewusstseins und kirchlicher Praxis nach dem 2. Vatikanischen Konzil (1962-1965) sind die Begriffe „Gemeinde" und „Ge-meindepastoral" im katholischen Kontext zu wichtigen Leitbegriffen gewor-den. Das Konzil hatte die Bedeutung der Kirche vor Ort betont und zugleich die Verantwortung des ganzen Volk Gottes für die Sendung der Kirche in dieser Welt herausgestellt. Aus Pfarreien, d.h. institutionell-juristisch ver-standenen Strukturelementen, sollten Gemeinden werden. Hier sollte Kirche als Zeichen für die Nähe Gottes in der Welt erfahrbar werden. Damit wird zugleich deutlich, dass die hier beschriebene Ausrichtung der Pastoral in einem zeitlichen Kontext steht, der Ende der 60er Jahre seine Anfänge hat.

Dieses Grundverständnis kann an dem Selbstverständnis franziskanischer Seelsorgearbeit unmittelbar anknüpfen. Bereits 1952 hatte der damalige Guar-dian des Euskirchener Franziskanerkonvents, P. Osmund Linden, formuliert: „Es ist franziskanische Eigenart, nicht so sehr nach dem zu fragen, w a s zu tun ist, sondern viel mehr darauf zu achten, w i e es getan wird, wenn auch dieses ‚Wie' nicht als Methode aufzufassen ist, sondern als Ausdruck und Maß einer bestimmten Geisteshaltung. Diese aber ist die der Liebe, die sich im Dienen vollendet."[1]

Im Zuge der Neubesinnung auf das Wesen der Kirche spiegelt der zentrale Begriff „Volk Gottes" das wiedergewonnene Selbstbewusstsein der Laien in der Kirche wider. Dieses konnte bei den Gemeindemitgliedern in der Südstadt Euskirchens auf fruchtbaren Boden fallen. Hatten sich doch hier bereits mit der Entwicklung des Stadtviertels und parallel dazu mit der Seelsorgearbeit der Franziskaner ein ausgeprägtes Selbstbewusstsein und ein entsprechendes Zusammengehörigkeitsgefühl entwickelt. Vielleicht ist die Eisenbahnlinie, die die Südstadt vom übrigen Stadtgebiet trennt, mehr als ein topografisches Merkmal. Schon P. Linden analysierte: „Diese wiederum (gemeint sind das Eigenbewusstsein und das Zusammengehörigkeitsgefühl, Anm. d. Verf.) drängten mehr und mehr zu einem religiösen Eigenleben und -erleben, zu einem eigenen kirchlichen Gemeindesein und zu einer eigenen seelsorglichen Betreuung."[2]

Auf diesem Hintergrund konnten sich dann Elemente franziskanischen Geistes positiv entfalten. Zwar gab und gibt es kein spezifisch franziskanisch ausformuliertes Konzept für die Gemeindepastoral. Aber es ist nicht zu übersehen, dass und wie franziskanisches Profil die Entwicklung der Gemeindepastoral in St. Matthias geprägt hat.

Es ist hier nicht der Ort, um die Grundzüge franziskanischer Spiritualität umfassend zu beschreiben. Es geht vielmehr darum, die Aspekte zu benennen, die das Gemeindeleben in St. Matthias geprägt haben. Aus eigenem Erleben, aus vielen Gesprächen mit Gemeindemitgliedern oder mit Menschen, die diese Gemeinde von außen gekannt haben, sind es vor allem zwei Gesichtspunkte, die hier zu nennen sind: D i a l o g und B e g e g n u n g a u f A u g e n h ö h e.

Im allgemeinen Bewusstsein werden Franziskaner zunächst mit der Armut, die Franziskus gelebt hat, in Zusammenhang gebracht. Dazu kommt eine besondere Beziehung zur Schöpfung, wie sie im Sonnengesang des Franziskus ihren Ausdruck findet. Die hier genannten Aspekte, Dialog und Begegnung auf Augenhöhe, gehören aber ebenso elementar zum franziskanischen Selbstverständnis. Sie können als Entfaltung oder Vertiefung des Armutsideals und der Schöpfungsliebe verstanden werden.

Die Wertschätzung der Schöpfung führt konsequenterweise zur unbedingten Anerkennung der Menschen, denen man begegnet. Zu den Merkmalen einer franziskanischen Kultur gehört es, Menschen anzunehmen, den einzelnen persönliche Wertung und Hochschätzung zu vermitteln und sie in ihren Besonderheiten zu akzeptieren. Annahme und Wertschätzung des/der Anderen beinhalten Dialog bzw. Begegnung auf Augenhöhe. „Der Dialog gehört zur Grundstruktur einer franziskanisch gesinnten christlichen Existenz. (…) Das Anderssein des/der Anderen (Alterität) ist uns sehr willkommen. Alle Mitgeschöpfe sind unsere Geschwister; mit ihnen wollen wir versöhnt leben", heißt es in einem Grundsatzpapier.[3]

So waren in der Gemeinde St. Matthias die Voraussetzungen für eine fruchtbare Symbiose zwischen Grundzügen franziskanischen Geistes einerseits und dem ausgeprägten Selbstbewusstsein der Menschen in der Euskirchener Südstadt andererseits gegeben. Jetzt brauchte es „nur" noch die Personen, die bereit waren, diese Vorgaben aufzugreifen und mit Leben zu erfüllen.

P. Ansgar Kratz: Die Pfarrei wird zur Gemeinde

Der Neubau von Kirche und Kloster am heutigen Franziskanerplatz wurde 1967 fertig gestellt. Ein neuer Pfarrer trat seinen Dienst als Nachfolger von P. Lambert Krüßmann an: P. Ansgar Kratz, gebürtig aus Mechernich (Jg. 1929), Abitur am Emil-Fischer-Gymnasium im Jahr 1951.

P. Ansgar brachte das neue theologische Denken, wie es im Konzil seinen Ausdruck gefunden hatte, in die Pfarrarbeit ein. Noch heute erinnert er sich an die pastoraltheologischen Impulse, die er Pfr. Dr. Josef Thomé aus seiner Kaplanszeit in Mönchengladbach verdankt.

Das Priesterbild dieses Pfarrers hat wohl das Wirken von P. Ansgar als Pfarrer in St. Matthias stark geprägt. Der frühere Bischof von Aachen, Klaus Hemmerle, schreibt dazu in einer Festschrift zum 100. Geburtstag von Pfr. Thomé: „Nicht der abgehobene, in die eigenen Gedanken hineingesponnene, auf eigenen Verdiensten ausruhende, in eigene Verletzungen zurückgezogene bedeutende Mann', sondern der für die Menschen bestellte und mit den Menschen lebende Zeuge der Liebe Gottes ist das Priesterbild, das Josef Thomé in sich inkarnierte." Denjenigen, die P. Ansgar in seiner Zeit als Pfarrer von St. Matthias erlebt haben, wird es nicht schwerfallen, ihn hierin wiederzufinden.

Von Bedeutung für Ansgar Kratz war auch das Gedankengut theologischer Autoren wie Leonardo Boff, Walbert Bühlmann und einschlägiger französischer Theologen wie Yves Congar u.a. So konnte in St. Matthias eine neue Zeit anbrechen. P. Ansgar öffnete die Fenster weit für die „frische Luft", die die Kirche nach dem 2. Vatikanischen Konzil durchwehte.

P. Ansgar Kratz

Prof. Dr. Paul Bungartz, der Vorsitzende des 1969 erstmals gewählten Pfarrgemeinderats, lässt uns an seinen Erinnerungen an diese Phase der Gemeindearbeit in St. Matthias teilnehmen:

> „1968 übernahm Pater Ansgar die Stelle des Pfarrers und blieb bis
> 1975. Mit ihm wurde die Gemeinde der Südstadt sehr aktiv. In diese
> Zeit fällt die Einrichtung von Pfarrgemeinderäten im Erzbistum Köln.
> Pater Ansgar hat dies begeistert aufgegriffen und sich umgehend auf die
> Suche nach Kandidaten für die Wahl zum Pfarrgemeinderat gemacht.
> Mich hatte das Engagement von Pater Ansgar begeistert, ich habe mich
> zu Verfügung gestellt, wurde gewählt und war dann Vorsitzender bis
> in die Zeit von Pater Matthias Utters, dem Nachfolger von P. Ansgar.
> Es entstand eine sehr enge Zusammenarbeit mit Pater Ansgar. Seine
> große Stärke war es, Leute zu begeistern, für die Mitarbeit in der Ge-
> meinde anzusprechen, ihnen etwas zuzutrauen und ein Gefühl der
> Zusammenhörigkeit zu vermitteln.
> Die Sitzungen des Pfarrgemeinderates waren meist von einer frohen
> Stimmung geprägt, es wurde viel diskutiert, und Pater Ansgar hat nie
> die Möglichkeit angewandt, die ihm sein Amt als Pfarrer gab, nämlich
> zu bestimmen, was gemacht wird. Ihm kam es auf den Konsens an,
> der oft erst nach langen Diskussionen und Gesprächen erreicht wurde.
> Im Liturgieausschuss wurden neue Formen der Gottesdienstgestaltung
> erarbeitet, kindgemäße Messen vorbereitet, Jugendmessen mit neuen
> Liedern und ansprechenden Texten entworfen.
> Bei den anstehenden Firmungen hat der Pfarrgemeinderat aktiv mit-
> gewirkt, viele von uns haben die Vorbereitung der Firmbewerber in
> kleinen Gruppen selber mitgetragen und sind später bei Bedarf Firm-
> paten geworden.
> Zu einem besonderen Schwerpunkt entwickelte sich das Pfarrfest der
> Gemeinde im Sommer. Das erste Pfarrfest in Euskirchen fand in unserer
> Gemeinde statt. Es gab dazu einen Festausschuss des Pfarrgemeindera-
> tes, der aus vielen Freunden bestand, die begeistert mit anpackten, wenn
> es viel Arbeit in der Vorbereitung gab. (…) Es würde zu weit führen, alle
> Mitarbeiter hier aufzuzählen. Damals konnte ich mit Stolz sagen: ‚Wenn
> Pater Ansgar mitten in der Nacht ruft, stehen sofort 30 Helfer auf der
> Matte'. Er war der Spiritus Rektor des ganzen Geschehens, hatte immer
> ein ‚offenes Ohr' für die Nöte und Sorgen der Gemeindemitglieder und
> hatte ‚alles im Griff', wie man so sagt. Er kümmerte sich um alles und
> war für alle vernünftigen Vorschläge offen.
> Die Feste fanden großen Anklang. Viele, Gemeindemitglieder und Gäste
> aus anderen Pfarreien, nahmen daran teil. Gefeiert wurde bis spät in die
> Nacht. Kinderbelustigungen, aber auch vieles für die ‚Großen' wurde
> angeboten. Es gab zahlreiche Helferinnen, die das Essen kochten, Helfer
> beim Budenaufbau, in den Buden beim Spiel. Und vor allem – damals

noch ungewöhnlich – die Sonntagsmesse wurde mitten zwischen den Buden mit allen Teilnehmern gefeiert. Das Kirchengebäude blieb leer an diesem Samstag, aber das Kloster mit seinen Patres war voll integriert in das Geschehen draußen (…)

Neben dem Pfarrfest gab es viele weitere Aktionen: Wir organisierten einen eigenen Martinszug für die Südstadt, insbesondere für die Kinder des Kindergartens und die Grundschulkinder. Ein Riesenfeuer wurde abgebrannt, die Feuerwehr anschließend zu einem Umtrunk eingeladen.(…)

Der Veedelszoch in der Südstadt wurde 1971 aus der Taufe gehoben. Es war der erste Versuch, neben dem offiziellen Karneval eine eigene Veranstaltung auf die Beine zu stellen. Bewusst wurde der Ausgangspunkt des recht improvisierten Umzuges auf die Südstadtseite der Bahn gelegt. Von dort zogen wir, begleitet von selbst organisierten Musikkapellen, zum Kloster der Franziskaner, wo der Abschluss als buntes Treiben auf dem Kirchplatz, wo noch kein Forum stand, ausgiebig gefeiert wurde. Später fand am Karnevalssamstag oder am Sonntagabend ein Ball im Forum statt, auf dem ausgiebig getanzt wurde und einige karnevalistische Einlagen von Gemeindemitgliedern dargeboten wurden. Einige Patres mischten sich unter das Volk. Es war eine fröhliche Gemeinde, die dort feierte. Alle kannten sich, zumindest vom Ansehen, viele traf man sonntags in der Messe.

Maßgeblicher Ideengeber für den Südstadtkarneval war P. Ansgar. Er vermochtes es auf die ihm eigene Art, den Pfarrgemeinderat und viele Gemeindemitglieder zum Mitmachen zu motivieren. Dabei schob er sich nie in den Vordergrund. Als stiller Beobachter der Szene blieb er am Rande.

Es sieht jetzt so aus, als sei damals in der Zeit von Pater Ansgar der Pfarrgemeinderat ein einziger großer Festausschuss gewesen. Das täuscht. Man traf sich nicht nur zum Feiern außerhalb des Kirchenraums. Die Mitfeier der sonntäglichen Gottesdienste war vielmehr der Ausgangspunkt und die Grundlage für das sich entwickelnde Gemeindeleben in seinen unterschiedlichen Ausprägungen. Im kleinen Küsterhaus neben der Kirche – das Forum gab es noch nicht – fanden nicht nur die Jugendfeten statt, hier traf man sich auch zum Glaubensgespräch, um die neuen Sichtweisen in Theologie und Kirche zu diskutieren; dort fanden regelmäßig die Treffen der Senioren bei Kaffee und Kuchen statt. Die Caritasarbeit, mit besonderem Akzent auf die Siedlung im Rosental gerichtet, blühte auf, die Büchereiarbeit begann. P. Ansgar sorgte dafür, dass das Leitbild der Kirche als ‚Volk Gottes' in St. Matthias realisiert wurde. Unter seiner Leitung ist aus der Pfarrei eine Gemeinde geworden!"

Südstadtkarneval 1987

Flötengruppe mit Gertrud Rogmans

Die Erinnerungen von Paul Bungartz werden viele Gemeindemitglieder, die diese Zeit miterlebt und mitgestaltet haben, genau so oder ähnlich bestätigen. Zu nennen wäre zum Beispiel die Flötengruppe – sie gibt es noch heute – unter der Leitung von Gertrud Rogmans, die aus Kindern bestand, um Kindermessen zu begleiten. P. Ansgar war der Initiator, er bezahlte die Notenständer.

Auf seine Anregung hin wurde der „Arbeitskreis Rosental" 1972 gegründet. In der Anfangszeit war der damalige Kaplan Elmar Schmidt seelsorglicher Ansprechpartner für diese Initiative. Die ‚gute Seele' des Unternehmens bildete jahrelang Frau Emilie Hänel. Die enge Kooperation zwischen ehrenamtlich Engagierten und den Seelsorgern der Gemeinde war die Voraussetzung für die Arbeit im Rosental.

P. Elmar mit Caritasgruppe im Rosental

Offensichtlich wird in der Gemeindearbeit unter Pater Ansgar das erfahrbar, was P. Linden Jahre zuvor programmatisch formuliert hatte. Es war wohl die Art und Weise, wie alles in Gang kam und seinen Weg nahm. Es muss ein bestimmter Geist spürbar gewesen sein, ein Geist der Zusammengehörigkeit und des geschwisterlichen Miteinanders, ein Geist der Offenheit für schöpferisches, kreatives Denken und Handeln und vor allem ein Geist des unbedingten gegenseitigen Respekts.

P. Ansgar übte das Amt der Leitung der Gemeinde ganz deutlich als Dienst an der Gemeinde aus. Er war persönlich bescheiden, hat sich nie in den

Vordergrund gedrängt. Für ihn stellte die franziskanische „Minoritas", ein Kernstück franziskanischer Spiritualität dar. Aus den Grundhaltungen der Demut und Geduld sowie der Dienstbereitschaft leitete sich eine Autorität ab, die auf jedwede Form der Herrschaft verzichten konnte.

Zur „Minoritas" heißt es in einem Text zur franziskanischen Spiritualität: „Die ‚Minoritas' ist Kernstück franziskanischer Spiritualität. Seine Brüder nennt Franziskus daher ‚Mindere Brüder'. ‚Und keiner soll ‚Prior' genannt werden, sondern alle sollen schlechthin ‚Mindere Brüder' heißen' (fratres minores), schreibt er in der Regel von 1221 (NbReg 6,3). Sie sollen allen Menschen untertan sein und ihnen dienen. ‚Ich rate aber meinen Brüdern, warne und ermahne sie im Herrn Jesus Christus, sie sollen, wenn sie durch die Welt gehen, nicht streiten, noch sich in Wortgezänk einlassen (vgl. 2 Tim 2,14), noch andere richten. Vielmehr sollen sie milde, friedfertig und bescheiden, sanftmütig und demütig sein und anständig reden mit allen, wie es sich gehört' (BReg 3,10; vgl. NbReg 16). Franziskanische Spiritualität heute: Grundhaltung des Friedens, der Demut und Geduld. Grundhaltung der Dienstbereitschaft."[4]

EINE ELEKTRISCHE *Schreibmaschine erhielt Pastor Pater Ansgar unter anderem: Ein Geschenk der Pfarrgemeinde. Der frühere Seelsorger der St. Matthias-Pfarre ist jetzt in Mönchengladbach tätig.*

P. Ansgar wird verabschiedet (im Hintergrund PGR-Vorsitzender Paul Bungartz)

Akzentverschiebungen:
Die Gemeinde in der Zeit von P. Matthias Utters

P. Matthias Utters wird 1975 Nachfolger von P. Ansgar als Pfarrer von St. Matthias. Auch er stammt aus der Eifel, aus Dockweiler, er war Jahrgang 1934, und auch er machte in Euskirchen das Abitur (1956). Mit diesem Pfarrerwechsel wird deutlich, was bereits gesagt wurde: Franziskaner, die das Amt der Gemeindeleitung übernehmen, bringen je nach persönlichem Profil unterschiedliche Charismen mit ein. So erleben wir, dass zwar –wie selbstverständlich – die vorher gewachsenen Aufgabenbereiche und Aktivitäten in der Gemeinde weiter geführt werden, zugleich aber kommen mit P. Matthias neue Akzente hinzu. Das Profil der Gemeinde verändert sich.

Wenn sein Vorgänger vor allem der Ideengeber und Moderator vielfältiger Initiativen in der Gemeinde war, so kann man sagen, dass mit P. Matthias die Blickrichtung mehr nach innen ausgerichtet war. Seine spezifische Begabung lag in der persönlichen Begegnung mit einzelnen Menschen. Er hatte ein Gespür für die inneren Prozesse und ihre Dynamik in der Lebens- und Glaubensbiografie derer, denen er begegnete bzw. die Begegnung mit ihm suchten. So wurde er für viele – weit über die Pfarrgrenzen hinaus – zum geistlichen Begleiter. Parallel dazu bildeten sich mehrere Gesprächsgruppen, die er persönlich begleitete.

Pfarreinführung von Pater Matthias Utters (v.l.n.r.: Dechant Bädorf, P. Matthias, P. Ansgar, P. Paschalis; in der 2. Reihe der evgl. Pfr. Müller)

Erstkommunionfeier mit P. Matthias

All dies geschah ohne Zwang. Man musste nicht zu einer solchen Gruppe gehören, um von P. Matthias anerkannt und respektiert zu werden. Ich selber war in dieser Zeit Vorsitzender des Pfarrgemeinderates (PGR) und kann im Rückblick sagen, dass wir als Gremium sowie auch als einzelne Mitglieder im PGR volle Unterstützung und Akzeptanz unseres Pfarrers hatten. Die Sitzungen waren ein Ort gemeinsamen Suchens und Bemühens, und auch des geistlichen Wortes oder Impulses. Ich kann mich nicht daran erinnern, dass es irgendwann Auseinandersetzungen um die Kompetenzbereiche von Pfarrer und Pfarrgemeinderat gegeben hätte. Klausurtagungen des PGR wurden als Unterbrechung der Routinearbeit genutzt und dienten vor allem der gemeinsamen geistlichen Reflexion und Vertiefung unseres Dienstes in der Gemeinde.

Zum Selbstverständnis von Matthias Utters als Pfarrer findet sich eine Notiz im Protokoll des PGR vom 13.6.1975: „P. Matthias erläutert kurz sein Selbstverständnis: Während die Geistlichkeit mehr als Inspirator und Koordinator tätig ist, liegt die eigentliche seelsorgliche Tätigkeit in hohem Maß bei den Mitgliedern kirchlicher Einrichtungen, z.B. des Pfarrgemeinderates."

Im Sinne des Bemühens um geistlich-theologische Vertiefung führten wir einen mehrwöchigen Begleitkurs für Firmkatecheten des ganzen Dekanats durch, den ich zusammen mit P. Matthias leitete. Unsere Intention war es, Firmbegleiterinnen und –begleiter in ihrer persönlichen Glaubenskompetenz zu stärken und sie zum persönlichen Glaubenszeugnis zu befähigen. Es ging also nicht unmittelbar um Methode und Praxis der Firmvorbereitung, vielmehr um die darunter liegenden, tieferen Dimensionen dieses Tuns. Das war wiederum typisch für den Ansatz von P. Matthias, nämlich zuerst und vor allem die spirituelle Grundlegung praktischer Seelsorge zu betonen.

Seiner Anregung verdankt sich die Gründung des Johannes-Chrysostomus-Chors 1977. Dieser Chor widmet sich der Pflege der mehrstimmigen Chormusik der Ostkirche. P. Matthias hatte schon immer einen besonderen Bezug zur ostkirchlichen Spiritualität. Die Gestaltung der sonntäglichen Kindergottesdienste fand unter P. Matthias ihre besondere Prägung, die wiederum seinen spezifischen Kompetenzen entsprach. Ohne besondere organisatorische Planungen oder didaktische Konzepte fand sich am Samstagnachmittag eine Gruppe von 20 bis 40 Kindern im Forum ein, um mit ihm gemeinsam den Gottesdienst am nächsten Sonntag vorzubereiten.

Otto Werner, der seinerzeit den Kinderchor der Pfarrei leitete, war bei diesen Nachmittagen auf Bitte von P. Matthias mit dabei. Er erzählt heute:

„Woche für Woche kamen die Kinder ins Forum, mal mehr, mal weniger, aber immer in einer Gruppengröße von mehr als zwanzig Kindern. P. Matthias las das Evangelium des nächsten Sonntags vor oder erzählte es den Kindern. Sie bekamen dann entsprechendes Material an die Hand und gestalteten Bilder, kleine Kollagen o.ä., in denen sie das festhielten, was ihnen am jeweiligen Text wichtig war. Manchmal wurden auch entsprechende katechetische Spielszenen gestaltet. Der Gottesdienst am Sonntag lebte dann vor allem aus den Elementen, die die Kinder der Vorbereitungsgruppe mitbrachten und der Gottesdienstgemeinde präsentierten – ergänzt mit kurzen Erläuterungen von P. Matthias oder von mir. Das ganze konnte nur deshalb in dieser einfachen, unkomplizierten Form Gestalt gewinnen, weil sich die Kinder von P. Matthias persönlich angesprochen und ernst genommen fühlten bzw. umgekehrt, weil er die Gabe hatte, auf die Kleinen freundlich und gewinnend zuzugehen und zum Mittun zu bewegen."

Viele Menschen, die sich an P. Matthias erinnern, werden dabei wohl auch an seine Predigten in den Gottesdiensten denken. Sie waren Ausdruck für sein spezifisches theologisches und spirituelles Profil. Hier sprach jemand über etwas, was er in seinen Reflexionen und in seiner Kontemplation selber erfahren hatte. Dazu verfügt er über eine Rhetorik, die die Zuhörer unmittelbar ansprach und mitnehmen konnte. Manche zunächst ungewohnt klingende Formulierung eröffnete neue Perspektiven und half zu einem tieferen Verstehen des immer schon gegebenen Geheimnis Gottes.

„Bruder des kleinen Weges" -mit dieser Formulierung deutet sein Mitbruder P. Herbert Schneider den Lebensweg von Matthias Utters.[5] Es sind die Freundlichkeit und Fröhlichkeit, die er in der persönlichen Begegnung von Mensch zu Mensch, besonders im Zugehen auf die Kleinen, vermittelte. Da, wo

P. Matthias Utters

er sich nicht verstanden wusste – natürlich waren es etliche Menschen in der Gemeinde und darüber hinaus auch unter seinen Mitbrüdern, die seinen Weg nicht nachvollziehen konnten – versuchte er, beharrlich seinen Weg zu gehen. Demut und Bescheidenheit – ganz im franziskanischen Sinne – zeichneten ihn aus. So hinterließ er in seiner Weise Spuren des franziskanischen Geistes in der Gemeinde St. Matthias.

Matthias Utters war nicht unumstritten und hat manche Fragen hinterlassen. Sie betreffen das Verhältnis zwischen Glaube und Erfahrung. Ist eine stark psychologisch ausgerichtete Sicht in jedem Fall für den Glauben so bedeutsam, oder wird in einem solchen Ansatz der Gedanke der Selbstverwirklichung nicht überbetont? Nicht wenige verbanden solche Fragen auch mit einer kritischen Sicht der Persönlichkeit Matthias Utters. Seine Krankheit und der frühe Tod 1988 im Alter von nur 52 Jahren ließen eine Auseinandersetzung über diese Fragen nicht mehr zu.

Unruhige Jahre: Gemeinde contra Provinzleitung

Nachdem P. Matthias Utters bereits 1980 aus gesundheitlichen Gründen den Dienst der Gemeindeleitung in St. Matthias aufgeben musste, traf dies ähnlich für seinen unmittelbaren Nachfolger, P. Arno Schmidt, zu, der nur für einige Monate die Gemeindeleitung übernehmen konnte. Danach wurde P. Peter Höller Pfarrer von St. Matthias, wenn auch nur für den kurzen Zeitraum von zwei Jahren. Über P. Peter erfahren wir im Protokoll der Pfarrgemeinderatssitzung vom 17. März 1981: „P. Peter berichtete, er habe nach abgeschlossenem Theologiestudium noch in München Psychologie studiert und anschließend als Lektor den franziskanischen Nachwuchs in dieses Gebiet eingeführt.(...) Nach der Zusammenlegung mehrerer Ausbildungsstätten des Ordens war P. Peter 8 Jahre in Vossenack tätig und nun schon über 3 Jahre in Hermeskeil. Hier ist mit der Guardiansstelle der Einsatz als Kaplan verbunden. So lernte er auch die Pfarrseelsorge kennen (...) P. Peter machte trotz seiner 64 Jahre einen frischen und frohen Eindruck. Er gewann mit seinen Ausführungen das Vertrauen der Pfarrgemeinderatsmitglieder. Er komme ‚ohne Regierungsprogramm‘ und wolle ‚alle guten Dinge nicht stören‘." In Erinnerung geblieben sind sein freundliches, bescheidenes Auftreten und vor allem seine Sangesfreudigkeit in den Gottesdiensten sowie bei feierlichen Veranstaltungen in der Gemeinde. Offensichtlich bereitete es ihm aber Schwierigkeiten, mit dem Selbstbewusstsein der Gemeinde und der Eigenständigkeit ehrenamtlich tätiger Laien, besonders im Pfarrgemeinderat und im Liturgieausschuss, unbefangen umzugehen. Er fühlte sich wohl von den genannten Gremien eingeengt und bedrängt. Dies mag einer der Gründe für seine kurze Amtszeit als Pfarrer von St. Matthias sein.

Bereits Anfang des Jahres 1983 zeichnete sich der anstehende Wechsel in der Gemeindeleitung ab. Es kam zum Gespräch zwischen dem Provinzial, P. Dr. Herbert Schneider, und dem Vorstand des Pfarrgemeinderates, um die gegenseitigen Erwartungen und Standpunkte abzuklären. P. Herbert kritisierte die seiner Meinung nach überzogene Anspruchshaltung in der Pfarrgemeinde St. Matthias. Die Pfarrgeistlichen dürften nicht als ausführende Organe des Pfarrgemeinderates gesehen werden. Schließlich stelle sich die Frage, ob die Franziskaner in der Pfarrgemeinde überhaupt angenommen seien. Demgegenüber heißt es in dem Antwortschreiben des PGR an den Provinzial: „Die Euskirchener ‚Südstadt' hat der Anwesenheit und dem Wirken der Franziskaner in den letzten Jahrzehnten viel zu verdanken. Als Pfarrgemeinderat stehen wir dazu, dass wir einen Anspruch haben: nämlich den, dass die Menschen, die in unserer ‚Südstadt' leben, durch die Begegnung mit und in der Gemeinde St. Matthias etwas von der helfenden und heilenden Nähe Gottes erfahren können. Unter diesem Anspruch stehen wir alle, gleichgültig ob Priester oder Laie."

Es ist wohl das erste Mal seit der Anwesenheit der Franziskaner in Euskirchen, dass es zu einem solchen Konflikt gekommen ist, zu dem es keine eindeutige Lösung geben konnte. Auf der einen Seite steht hier das gewachsene Selbstbewusstsein der Christen in der Gemeinde St. Matthias, verantwortlich im Sinne des kirchlichen Grundauftrags zu handeln. Dies ist der Anspruch, an dem man gemessen werden will und der gleichermaßen für Priester und Laien in der Gemeinde seine Gültigkeit hat. Aus allem, was bisher gesagt worden ist, wissen wir, dass dieser Anspruch unter dem Wirken der Franziskaner in der Südstadt gewachsen ist. Paradoxerweise ist es die Ordensleitung derselben Franziskaner, die diesen Anspruch kritisiert. Auf der anderen Seite sind die Hintergründe für die Nöte der Provinzleitung verständlich: Die zunehmende Personalnot im Orden zwingt zu personellen Einschränkungen. Damit wird ein Thema berührt, dessen volle Auswirkungen dann fast 30 Jahre später zum Abschied der Franziskaner führen werden. Es ist aber auch deutlich zu sehen, dass beide Aspekte nicht ursächlich miteinander verbunden sind. Und für jeden, der Geschichte und Entwicklung der Gemeinde St. Matthias kennt, besteht kein Zweifel daran, dass die Franziskaner zur Südstadt gehören und hier angenommen sind.

Rückblickend kann wohl gesagt werden, dass zu jeder Beziehungsgeschichte, die von Menschen gelebt und gestaltet wird, auch Auseinandersetzungen und Konflikte gehören. Und dass das Verhältnis zwischen den Menschen in der Euskirchener Südstadt und den Franziskanern als Beziehungsgeschichte gelesen werden kann, dürfte wohl deutlich geworden sein.

Die Gemeinde in den 1980er Jahren:
P. Wendelin Reisch

Im Frühjahr 1983 wird P. Wendelin Reisch der Pfarrer der Matthiasgemeinde. Der gebürtige Schwabe verstand seine Berufung bewusst in der Nachfolge Christi nach dem Vorbild des heiligen Franziskus. Bevor er nach Euskirchen kam, hatte er in einem Neubaugebiet in Wuppertal einige Jahre als Armer unter den Armen leben dürfen. Große Bedeutung für sein Leben und Tun hatten für ihn die vielen Pilgerfahrten zu den Ursprungsstätten des Ordens in Assisi und Umgebung. Er vermochte es immer wieder, Mitpilgern den Geist des hl. Franziskus und der hl. Klara zu erschließen und manche Pilgerreise zu einem bleibenden Erlebnis werden zu lassen.

P. Wendelin Reisch

Rolf Kips, der seit 1978 in der Gemeinde St. Matthias zu Hause ist und in verschiedenen Bereichen mitarbeitet bzw. mitgearbeitet hat, verfasste einen Beitrag über seine persönlichen Erfahrungen in der Begegnung und im Umgang mit P. Wendelin. Darin zeichnet sich eindrucksvoll das franziskanische Profil eines Nachfolgers des heiligen Franz in der heutigen Zeit ab.

„Vor zwei Jahren – es muss wohl 2009 gewesen sein - sind wir uns zum letzten Mal begegnet, in Bad Münstereifel, im Kloster Maria Königin, wo Pater Wendelin regelmäßig Exerzitien hielt. Da stand er vor mir, schmal und fast zerbrechlich. Schnell breitete sich ein schalkhaftes Lächeln über sein Gesicht aus und in leicht schwäbischem Dialekt tönte es mir entgegen: ‚Na, der Herr Kips, gibt's so was?' Sein breites Lächeln hatte immer etwas Hintergründiges, Spitzbübisches.

Von den vielen Franziskanern, denen ich seit 1978 begegnet bin, hat mich Pater Wendelin am meisten geprägt. Viele Jahre nahm ich an seinen Bibelgesprächen teil und war Mitglied im Pfarrgemeinderat. Wie habe ich ihn in Erinnerung? Was hat er mir bedeutet? Welche Facetten franziskanischer Spiritualität verkörperte er für mich? Etwa 20 Jahre sind seitdem verstrichen, und ich versuche mich zurückzuerinnern. Ein ganz persönliches Bild von ihm entsteht in mir; ganz sicher haben ihn andere ganz anders gesehen. Aber ich möchte es hier noch einmal nachzeichnen, weil ich überzeugt bin: Mir hat er aufgezeigt, wie man Glauben leben kann.

Pater Wendelin war ein Mann, der mit beiden Füßen auf der Erde stand.

Er war handwerklich sehr geschickt und hatte einen praktischen Verstand. Ist das ein franziskanisches Merkmal oder gar wichtig für unseren Glauben? Zuerst sieht man vielleicht keinen Zusammenhang, denkt in diesem Zusammenhang an spirituelle Werte. Aber man erinnere sich: Franziskus hatte eine gute kaufmännische Ausbildung genossen (Rechnen konnte übrigens Pater Wendelin auch gut) und baute später das baufällige Kirchlein San Damiano mit seinen eigenen Händen wieder auf und renovierte andere in der Umgebung. Man könnte sich Pater Wendelin sehr gut neben Franziskus beim Wiederaufbau von San Damiano vorstellen. Und dies nicht nur wegen seiner handwerklichen Fertigkeiten. Die einfache körperliche Arbeit verrichtete Franziskus zur Ehre Gottes, Niedriges und Hohes sind eng verbunden. Auch für Pater Wendelin bedeutete die Ehre Gottes ein großes Anliegen. Sie erinnern sich, die Orgel. Für Gott darf uns nichts zu schade sein. Ein Gotteshaus müssen wir noch schöner einrichten als Menschenhäuser. Mit diesen Worten sammelte er eifrig in der Gemeinde, bis schließlich eine wertvolle ‚Seifertorgel' in der Kirche gebaut werden konnte.

Franziskus trennte sich nach seinem militärischen Scheitern von der bürgerlichen Welt, ging an den Rand der Gesellschaft, pflegte Aussätzige. Wie Jesus, der ein Freund der Randgruppen war, solidarisierte er sich mit den Armen. Pater Wendelin kam aus Wuppertal zu uns nach Euskirchen. Gleichsam als Eremit hatte er dort in der Anonymität einer Art Plattenbausiedlung unter Arbeitern gelebt. Auch bei uns zog es ihn mehr zu den einfacheren, armen Menschen als zum bürgerlichen Establishment. Er kam von einem schwäbischen Bauernhof und war stolz auf diese Herkunft. Daher auch sein bodennaher, praktischer Sinn, seine hohe Wertschätzung der Nahrungsmittel und seine Verbundenheit mit der Natur. Die Natur bewunderte er, weil sie die Spuren Gottes trug und weil sie dazu geschaffen war, Gott zu verherrlichen.

Mit Franziskus verband ihn auch eine starke Bedürfnislosigkeit. Wenn ich mich richtig erinnere, besaß er wirklich nur zwei Habite, wie dies Franziskus gefordert hatte. Wie sein großes Vorbild konnte er sehr gut Geld sammeln. ‚Vergelt's Gott' höre ich ihn noch sagen.

War er demütig? Oft hat er darüber gepredigt. Franziskus folgend, war diese Tugend ihm wichtig, von Gott her. Er wollte es wie Gott tun, sich ganz klein, unbedeutend machen. Er konnte gut zurücktreten, in die zweite Reihe. Andererseits spürte man bei ihm auch wieder ein tiefes Bewusstsein für die besondere Stellung und Bedeutung des Priesters. Aber das stand nicht gegen die Demut. Die Besonderheit seines Priesterseins kam ja auch wieder von Gott her, war nicht seine persönliche Leistung. Weil Gott so groß ist, muss man den Priester achten, der durch die Weihe von Christus und für Christus in Dienst genommen ist.

Wie war sein Verhältnis zur Amtskirche? Bei Pater Wendelin spürte man, wie aber wohl bei fast allen Franziskanern, die Ambivalenz, die auch schon Franziskus kennzeichnete: ein starkes Bewusstsein von der eigenen Berufung und damit eine gewisse Unabhängigkeit. Sie steht neben der Bereitschaft, die Kirche zu stützen, ihr zu dienen. Dieser Geist war es wohl auch, der unsere Pfarrei zu etwas Besonderem machte und der viele Menschen anzog.

Viele Jahre habe ich an den Schriftgesprächen mit Pater Wendelin teilnehmen können. Die Heilige Schrift war ihm besonders wichtig. Immer versuchte er nach vertiefender Betrachtung, Richtschnur und Weisung für unser Leben zu finden. Er war überzeugt davon, dass Gott selbst durch die Heilige Schrift direkt zu uns spricht. Und so klingt mir noch ein Satz von ihm nach einem Text über Abraham im Ohr: ‚Wir können fragen, wo werden wir wie Abraham angesprochen?' Fast immer ergriff er am Ende das Wort und führte uns, wie mir schien, aus einer vertieften Zusammenschau zum Wesentlichen, zu existentiellen Fragen, zur Frage unserer Beziehung zu Gott, zur Stellung Gottes in unserem Leben. Und in diesen Gesprächen spürte man auch, wie er ganz aus dieser Beziehung zu Gott lebte, das war die Perle, die er suchte. In der Heiligen Schrift Gottes Willen für unser Leben zu erkennen, war ihm lebenswichtig. Er nahm Gott ernst, er sah auch den Gott, den man enttäuschen, verpassen kann. Er war so ganz das Gegenteil des sogenannten Kölschen Katholizismus mit seinem Satz ‚Et es noch immer jut jejange'. Nein, ihn trieb eher die Sorge, dass wir unser Lebensziel verfehlen, Gott nicht ernst genug nehmen könnten. So zu leben, dass wir den Menschen den Weg zu Gott öffnen, war ihm wichtig. Dass wir einem Mitmenschen den Weg zu Gott verbauen könnten, das fürchtete er.

Man spürte bei ihm aber auch, er war nicht fertig. Er ließ in seinen Predigten, Bibelabenden und persönlichen Gesprächen auch an seinen Zweifeln, an seiner Sorge, nicht genug zu glauben, nicht genug zu tun, teilhaben. Mir scheint, Pater Wendelin forderte viel von sich selbst, war aber milde und einladend gegenüber den Menschen um ihn herum.

In den Gesprächen über die Kindermessen, die ich in seiner Zeit als Pfarrer mit gestaltete, sind mir zwei seiner Grundsätze noch im Gedächtnis: Zum einen sollten wir immer das Tagesevangelium nehmen. Nicht wir wählen aus, sondern wir sollen uns vertrauensvoll Gott überlassen. Er wird uns mit seinem Wort schon etwas für unser Leben zu sagen haben. Und zum anderen: Wir sollten die Schrifttexte nie zu einer Moral ‚missbrauchen', sondern immer die frohe Botschaft herausarbeiten, die Gott für unser Leben in diesen Texten bereithält. Sie sind das Brot für unser Leben mit Gott. Übrigens, bei den Kindermessen war Pater Wendelin immer der absolute Ruhepunkt. Er konnte sich auf alles

einstellen, traute uns Katecheten einfach alles zu und nahm uns alles Lampenfieber. Er war ein Meister der Improvisation.
Ich bin dankbar für die neun Jahre, die er hier in Euskirchen war."

P. Wendelin hat sein Selbstverständnis als Pfarrer in der Sitzung des PGR am 29.11.1983 so definiert: „Ich bin Sammler der Charismen der Pfarreimitglieder. Ich will nicht unnötig eingreifen, sondern hören auf das, was Gott will. Ich habe nicht den Eindruck, Charismen abzuwürgen. Aber ich muss als Pfarrer darüber informiert werden, was läuft, um dann daran teilzunehmen. Es kommt darauf an, inwieweit arbeiten Sie mit mir und ich mit Ihnen." Zwischen den Zeilen wird erkennbar, dass hier der Anspruch der Leitungsaufgabe möglicherweise nicht konfliktfrei dem Anspruch auf Eigenständigkeit seitens der Gemeindemitglieder gegenübersteht. So kommt ein Mitglied des damaligen Pfarrgemeinderats zu der Einschätzung: „P. Wendelin hat es verstanden, immer seinen Willen durchzusetzen; das galt auch für den PGR, wo es deshalb zu vielen

nutzlosen Diskussionen kam." - Standen sich hier schwäbische Dickköpfigkeit und rheinisch-katholisches Selbstbewusstsein gegenseitig im Wege? Wir müssen die Frage offen lassen. P. Wendelin ist am 23. August 2012 kurz vor seinem Goldenen Priesterjubiläum – die Einladungen waren schon verschickt – verstorben.

P. Ansgar kehrt zurück – Br. Franz-Leo wird Pfarrer:
Die Gemeinde in der Zeit zwischen 1992 und 2004

Zum Nachfolger von P. Wendelin wird einer seiner Vorgänger ernannt: P. Ansgar kommt als Pfarrer für einige Jahre – bis 1998 – zurück in die Südstadt. Auch als inzwischen älterer Priester ist er nicht zum „Pfarrherrn" geworden. Nach wie vor begegnete er uns Laien „auf Augenhöhe" und trug auch die Entscheidungen mit, die er persönlich vielleicht anders getroffen hätte. Mit Hartnäckigkeit und Ausdauer setzte er sich für eine neue Beleuchtungsanlage im Kirchenraum ein. Typisch für

Kaplan und Pfarrer:
Br. Franz-Leo und P. Ansgar

Bruder Franz-Leo Barden, Pfarrer von 1998 bis 2004

ihn: Seine erste Vorstellung von den neuen Lampen unterschied sich deutlich von dem, was nach den Beschlüssen der Gremien verwirklicht wurde und bis heute sichtbar ist. Die Bereitschaft zu einer Kompromisslösung in dieser Frage spiegelt sich im Protokoll der Pfarrgemeinderatssitzung wider: „Abschließend wurde nochmals festgestellt, daß die Beleuchtung – objektiv gesehen – im Kirchenraum nicht optimal ist. Ein strahlend hell erleuchteter Raum wird aber auch nicht gewünscht. Somit ergibt sich nur eine Alternative: Unter den Bedingungen, daß der Charakter des Kirchenraumes nicht verändert wird, sollte die bestehende Beleuchtung technisch verbessert und natürlich vereinheitlicht werden."

Mehr und mehr übertrug P. Ansgar die Arbeit in der Pfarrei auf den jungen Kaplan, der mit ihm gekommen war, Br. Franz-Leo Barden. P. Ansgar leitete die Pfarrei mehr aus dem Hintergrund, bescheiden und seine Person zurücknehmend, ließ er seinem Kaplan und späteren Nachfolger im Zusammenspiel mit vielen ehrenamtlich Engagierten reichen Spielraum zur Gestaltung der Gemeinde.

Völlig reibungslos geschieht dann 1998 der Stabwechsel von P. Ansgar zu Br. Franz-Leo. Der kooperative, dialogische Leitungsstil setzt sich nahtlos fort. Neue Ideen und Initiativen, die der junge Pfarrer einbrachte – und davon gab es etliche – wurden ausnahmslos zuerst im PGR und seinen Ausschüssen oder in entsprechenden Arbeitsgruppen beraten, wenn nötig auch kontrovers diskutiert und schließlich gemeinsam verabschiedet und auf den Weg gebracht. Spürbar entwickelte sich St. Matthias zu einem Sammlungsort junger Menschen. Mit großer Sorgfalt und einem kreativen Ideenreichtum wird die Gestaltung der Liturgie zu einem Schwerpunkt der Gemeindearbeit. Ich weiß nicht, wie viele Stunden Franz-Leo mit dem Liturgieausschuss zur Planung und Vorbereitung der Gottesdienste in der Adventszeit, der Fastenzeit und der Karwoche zusammen gesessen hat. Für die Mitfeiernden wurden diese Gottesdienste – wie es in den Konzilstexten heißt – zur „Quelle und zum

Höhepunkt" ihres Lebens und Glaubens. Einen besonderen Akzent bekamen die Sonntagsabendgottesdienste, über viele Jahre hinweg ein Treffpunkt junger und jung gebliebener Gemeindemitglieder. Unvergessen bleiben die eindrucksvollen „Tranitusfeiern" am Vorabend des 4. Oktober, dem Sterbetag des heiligen Franziskus. Beim anschließenden Imbiss im Kreuzgang des Klosters konnte man sich von Franz-Leos Kochkünsten überzeugen lassen, die durchaus denen eines Sternekochs entsprochen hätten

In einem längeren Interview, das ich im Oktober 2012 mit dem früheren Pfarrer Franz-Leo Barden geführt habe, kommt das franziskanisch geprägte Profil der Gemeinde St. Matthias noch einmal deutlich zum Ausdruck.

Redaktion: Du bist 1992 nach Euskirchen gekommen, hast unter P. Ansgar als Kaplan gewirkt und warst dann von 1998 bis 2004 selber Pfarrer von St. Matthias. Auch danach, bis zum Wegzug der Franziskaner 2010 – während Deiner Zeit als Provinzial – hast Du, von kurzer Unterbrechung abgesehen, im Euskirchener Franziskanerkloster gelebt und Kontakt mit der Gemeinde gehabt. Worin liegen Deiner Meinung und Erfahrung nach die charakteristischen Merkmale dieser Gemeinde? Wie lässt sich ihr Profil beschreiben?
Br. Franz Leo: Das Profil der Gemeinde St. Matthias sehe ich vor allem in der Eigenständigkeit der pastoralen Mitarbeit bei den Gemeindemitgliedern. Sie verstehen sich als Subjekte der Pastoral. – Dies hat sicher damit zu tun, wie wir Franziskaner versucht haben, den Menschen zu begegnen, nämlich auf Augenhöhe, mit ihnen im Dialog zu sein und sie zu akzeptieren, wie sie sind. Man muss aber auch sehen, dass dieses Selbstbewusstsein der Laien begünstigt wird durch das vorherrschende soziale Milieu in der Südstadt: Ehrenamtliche Mitarbeiter/innen sind weitgehend Akademiker und/oder gehören der oberen Mittelschicht an.
Ich muss hinzufügen: Die Eigenständigkeit der Laien bedeutete nicht, dass wir als Seelsorger in unserer Rolle und Verantwortung in Frage gestellt worden wären. Bei den Diskussionen und Auseinandersetzungen in der Sache wurde zwar im mehr oder weniger langen Meinungsaustausch um ein gemeinsames Ergebnis gerungen; aber wenn es darauf ankam, wurde auch die spezifische Verantwortung der Seelsorger respektiert.
Redaktion: Worin lagen besondere Schwerpunkte in der Gemeindearbeit?
Br. Franz-Leo: Die Gemeinde präsentierte sich vor allem als ‚Gottesdienstgemeinde'; sie stellte keine Lebensgemeinschaft dar. Dementsprechend wurde auf die Gestaltung der Liturgie viel Wert gelegt und entsprechende Zeit investiert. Dabei setzten wir uns mit dem Wesen der Liturgie auseinander, beschäftigten uns mit historischen und theologischen Entwicklungen und versuchten, dies bei der Gestaltung umzusetzen. Wichtig waren uns auch die Rückmeldungen aus der Gemeinde – etwa zur Gestaltung der Karwo-

Installationen des Liturgiekreises im Kirchenraum: Krippe und Altar, Karfreitagskreuz, das leere Grab, Osterschmuck

che. Sie wurden intensiv ausgewertet und in die Reflexion mit einbezogen. Besonders bei der Gestaltung der Gottesdienste in der Karwoche und der Osterliturgie, aber auch in der Adventszeit haben wir uns da sehr viel Mühe gegeben. Dabei war es selbstverständlich, dass Seelsorger und ehrenamtliche Mitarbeiterinnen und Mitarbeiter – besonders Biggi Klüsener als Kordinatorin des Liturgiekreises - sich gemeinsam verantwortlich fühlten und miteinander – auf Augenhöhe – die Liturgie planten.

Redaktion: Die Feier der Liturgie in St Matthias war sicher ein Anziehungspunkt für viele Menschen – auch über die Grenzen der Gemeinde hinaus. Aber es hat doch auch weitere Schwerpunktbereiche gegeben?

Br. Franz-Leo: Ein wichtiges Anliegen war immer die Jugendarbeit. Hier waren wir Seelsorger – wenn überhaupt – nur in der Rolle als Berater oder spirituelle Begleiter gefragt. Die Verantwortung für die Jugendarbeit und deren Leitung wurde selbstständig von den ehrenamtlich tätigen Mitgliedern in der Jugendleiterrunde, zu der natürlich auch ältere Jugendliche gehörten, wahrgenommen. Diese Ausrichtung der Jugendarbeit war auch deshalb möglich, weil es in der Pfarrei keine klassischen Jugendverbände gab.

Redaktion: Ein großes Thema in Deiner Zeit als Gemeindeleiter war die Fusion der drei Stadtgemeinden.

Br. Franz-Leo: Aus St. Matthias kamen die entscheidenden Impulse zur Kooperation. Das ausgeprägte Selbstbewusstsein, von dem wir vorhin gesprochen haben, war wohl die Basis, die die Offenheit im Blick auf eine Fusion möglich machte. Aus dieser sicheren Identität als Gemeinde heraus konnte man sich gelassen, aber auch mit vielen Ideen auf die Zusammenarbeit mit den anderen beiden Gemeinden in der Stadt einlassen.

Redaktion: Und wie siehst Du heute die Ergebnisse und Folgen der Fusion?

Br. Franz-Leo: Es ist gut, dass es Zusammenarbeit in bestimmten Bereichen gibt: Erstkommunion- und Firmvorbereitung zum Beispiel, oder die Selbstdarstellung nach außen, also die Öffentlichkeitsarbeit. Aber bei der Umsetzung der Fusion ist auch manches auf der Strecke geblieben. Wir hatten in den vorbereitenden Überlegungen und Planungen in der Pfarrverbandskonferenz, das war ja das verantwortliche Gremium für die Planung der Fusion, immer davon gesprochen, dass bei der Vollendung der Fusion in den drei Gemeinden Runde Tische errichtet werden sollten. Die Intention war, das jeweilige unterschiedliche Profil um die drei Kirchtürme herum weiter zu entwickeln und zu profilieren. Das ist nicht umgesetzt worden, es ist aber auch nicht eingefordert worden.

Redaktion: Diese Kritik richtet sich wohl gleichermaßen an das Team der hauptamtlichen Seelsorger in der Pfarrei St. Martin wie an die Gemeindemitglieder in den früheren Pfarreien St. Martin, Herz-Jesu und St. Matthias.

Br. Franz-Leo: Das ist wohl so. Der Schwerpunkt der Pastoral nach dem Inkrafttreten der Fusion Anfang 2006 wurde deutlich auf den Akzent der Einheit in der Pfarrei gelegt.

Durch die Verlegung des Pfarrbüros aus der Südstadt in die Innenstadt ergab sich aber auch eine neue Präsenz der Franziskaner in den Innenstadtgemeinden. Dies wurde dadurch verstärkt, dass die Brüder, hier denke ich an Br. Tobias und Br. Markus, bewusst viele Gottesdienste an Werktagen und besonders an den Sonntagen in den Kirchen St. Martin und Herz-Jesu gefeiert haben.

Redaktion: Ich möchte unbedingt auf ein weiteres Thema zu sprechen kommen. Charakteristisch für die Gemeinde St. Matthias war ja immer der Konvent der Franziskaner in der Südstadt und das Franziskanerkloster. Was kannst Du zum Verhältnis von Kloster und Gemeinde sagen?

Br. Franz-Leo: Da gab es sicherlich unterschiedliche Phasen, die nicht zuletzt von der Größe des jeweiligen Konvents abhingen. Vor meiner Zeit war es immer eine größere Zahl von Brüdern. Dies änderte sich dann massiv. Nach dem Ausscheiden von Br. Martinus aus dem Konvent waren wir eine Zeit lang nur noch zu dritt. Da stellten wir schon die Grundsatzfrage: Ist diese Situation eine Chance oder müssen wir den Euskirchener Konvent auflösen. Wir haben uns dann dazu durchgerungen, in dieser vorgegebenen Situation eine neue Aufgabe zu sehen: den Konvent als Konvent von Franziskanern sichtbar und erfahrbar zu machen. Dies bedeutete, dass Elemente des franziskanischen Zusammenlebens im Konvent stärkere Beachtung fanden, z.B. das gemeinsame Stundengebet, die abendliche Rekreation, die Konventmesse am Heiligen Abend oder die Feier des Transitus am 3. Oktober. Auch das sogenannte „Klostergespräch" gehört in diesen Zusammenhang. Es gab also reservierte, der Gemeinschaft vorbehaltene Zeiten im Kloster, aber gleichzeitig die offene Klosterpforte und die Atmosphäre des offenen, einladenden Hauses. Ich glaube rückblickend, dass dies von vielen Gemeindemitgliedern auch so gesehen und geschätzt wurde.

Redaktion: Kannst Du noch andere Momente nennen, an denen franziskanisches Profil abzulesen war?

Br. Franz-Leo: Unbedingt ist hier die Arbeit im sozialen Brennpunkt ‚Rosental' zu nennen. Da hat sich zu meiner Zeit besonders P. Arno engagiert, und dies in enger Kooperation mit den ehrenamtlichen Mitarbeiterinnen der Gemeinde, ohne die diese Arbeit nicht möglich gewesen wäre.

Ergänzen möchte ich unbedingt einen weiteren Gesichtspunkt. Einzelne Franziskaner, besonders P. Arno, waren auch Anlaufstelle für besonders schwierige Fälle in der Seelsorge, zum Beispiel wenn es um Eheprobleme ging, wenn jemand konvertieren oder nach einem Kirchenaustritt wieder in die Kirche eintreten oder als Erwachsener getauft werden wollte. Hier gingen Ausstrahlung und Wirkungsbereich des Klosters weit über die Pfarrgrenzen hinaus.

Redaktion: Schauen wir doch mal auf die sogenannten Highlights, also besondere Höhepunkte oder Ereignisse in Deiner Zeit als Pfarrer von St. Matthias. Was fällt Dir da spontan ein?

Br. Franz-Leo: Da ist zuerst die Liturgie zu nennen, dabei besonders die Feier der Heiligen Woche.

Dann denke ich an den „Kleinen Katholikentag", es war wohl 1997. So kam es dann unter großer Beteiligung und der Mitwirkung vieler Fachleute von außen zu einem lebendigen Austausch über aktuelle pastorale und liturgische Themen. Da haben wir intensiv zusammen mit Mitgliedern des Pfarrgemeinderats und Interessierten aus der Gemeinde geplant und vorbereitet.

Die Gestaltung der Fronleichnamsprozession als Sternprozession zum Alten Markt gehört für mich auch zu den Besonderheiten.

Ich denke aber auch an den katechetischen Bereich: Die katechetische Weiterentwicklung von Erstkommunion- und Firmvorbereitung gemeinsam mit ehrenamtlichen Katechetinnen und Katecheten.

Redaktion: Was es heute leider in der Großpfarrei so nicht mehr gibt. Wie sich insgesamt der Akzent stärker auf das Team der Hauptamtlichen verschoben hat. Aber das ist ein anderes Thema. Kommen wir zurück auf die Highlights in St. Matthias.

Br. Franz-Leo: Das meiste ist schon gesagt. Ich möchte aber auch noch die gemeindekatechetische Form der Taufvorbereitung nennen. Ich erinnere mich dabei besonders an die intensive Vorbereitungszeit mit den Ehrenamtlichen. Ich denke, dass in dieser Art der Durchführung von Taufgesprächen durch Laien deutlich die Delegation von Verantwortung für die Seelsorge zum Ausdruck kommt.

Ach ja, dann gab es auch noch die Trierwallfahrt, wenigstens einige Jahre. Das war auch typisch für die Vorgehensweise in der Gemeinde: Irgendwer hatte die Idee, man setzte sich im kleinen Kreis zusammen, überlegte, wie es denn aussehen könnte, und schließlich brauchte ich dann nur mit zu pilgern. Die konkrete Verantwortung für Durchführung und Gestaltung hatten andere übernommen.

Redaktion: Es wäre sicher noch manches zu ergänzen. Aber wir wollen hier nicht eine Chronik der Gemeindearbeit in St. Matthias skizzieren, sondern stattdessen noch mal zusammenfassen und das Wesentliche benennen.

Br. Franz-Leo: Der Kernpunkt für das typisch Franziskanische ist für mich der „Dialog auf Augenhöhe". Und das ist etwas, was unmittelbar mit Franziskus zu tun hat. Da denke ich nämlich an das „Damianokreuz". Von diesem Kreuz aus hat Bruder Franz seine Gottes- und Christusbeziehung gesehen. Nicht der herrschende Weltenrichter von oben herab, wie er in den Kirchen der Romanik und frühen Gotik vor allem dargestellt wurde, blickte ihn an, sondern der leidende Mensch mit ausgebreiteten Armen auf Augenhöhe. Hier fand Franziskus den Auftrag, nicht von oben herab, sondern mit den Menschen gemeinsam zu suchen und den Weg der Nachfolge Christi zu gestalten.

Die Jugendarbeit: Ein Beispiel kooperativer Gemeindearbeit
Aufzeichnung nach einem Gespräch mit Liesel Schaffartzik

Das, was im Gespräch mit Br. Franz-Leo als charakteristisch für die Gemeindearbeit in St. Matthias dargestellt worden ist, soll an der Jugendarbeit in der Pfarrei exemplarisch aufgezeigt werden.

Die Entwicklung der Jugendarbeit war dadurch geprägt, dass sich die Gemeindearbeit frei und unabhängig vom institutionalisierten Verbandkatholizismus, der ansonsten bis zur Mitte der 60er Jahre stark ausgeprägt war, entwickelte und entfaltete. Schon unter P. Lambert wurde die institutionalisierte Seite der Seelsorge durch eine persönliche Nähe zu den Menschen in der Pfarrei überbrückt.

Die Anfänge der Jugendarbeit lagen in den „Jugendfeten" im damals leer stehenden Küsterhaus Anfang der 70er Jahre – das Forum war erst 1974 fertig. Zur Koordinierung wurde ein Gremium gebildet, dem kirchenferne Jugendliche und Mitglieder des PGR angehörten, unterstützt vom damaligen Kaplan, P. Elmar Schmidt. Hieraus entwickelte sich die spätere Jugendleiterrunde. Zur besseren Strukturierung der Jugendarbeit wurden dann nach und nach einzelne Gruppen gegründet, die sich zwar zur Pfarrei gehörig wussten, aber keinem Verband angehörten. Auf eine feste Institutionalisierung zwischen Jugendgruppen und Pfarrei – etwa durch Ernennung eines offiziellen Jugendseelsorgers oder Kuraten – wurde verzichtet. Die Verantwortung trugen die Gemeindemitglieder, die sich für die Jugend engagierten und sich dabei des Vertrauens seitens des Pfarrers und des Kaplans sicher sein konnten. Die persönliche Beziehung ließ einen strukturellen Überbau unnötig erscheinen. Das Bindeglied zwischen Pfarrei und Verantwortlichen für die Jugendarbeit bildete die Jugendleiterrunde, in der alle Initiativen und Aktivitäten miteinander geplant und besprochen wurden. Auch in dieser Runde übten die Pfarrseelsorger keine amtliche Leitung aus. Erst Br. Franz-Leo Barden war seit 1998 in dieser Runde regelmäßig präsent, wobei sich die Ausrichtung der bisherigen Arbeit aber nicht wesentlich änderte.

Auf diesem Hintergrund entwickelten sich dann weitere Aktivitäten in der Jugendarbeit: die Fahrt nach Ameland alle zwei Jahre in den Herbstferien, das jährliche Zeltlager, die Altpapiersammlungen seit 1977 zur finanziellen Unterstützung der Jugendarbeit. Die Jugendgruppen engagierten sich zudem wie selbstverständlich bei der Gestaltung pfarrlicher Feste (Veedelszug, Pfarrfeste usw.). Alle diese Aktivitäten standen unter der Verantwortung ehrenamtlicher Gemeindemitglieder. Die Gemeindeseelsorger waren als „personelles Angebot" präsent. So entwickelten sich dann viele persönliche Kontakte zwischen Jugendlichen und einzelnen Franziskanern.

Die Jugendarbeit in St. Matthias verdankt sich zum einen der freien Initiative einzelner erwachsener Gemeindemitglieder, die nach und nach die Verantwortung an die jüngere Generation weitergaben. Zum anderen war dieser Prozesse aber nur möglich, weil dahinter das Vertrauen und die persönliche Beziehung mit den Franziskanern in der Gemeindeseelsorge gegeben war; sie ermöglichten in ihrer Person ein Klima der Unabhängigkeit und Wertschätzung ehrenamtlicher Mitarbeit. Dieses vom franziskanischen Geist geprägte Klima war offen für neue Anfänge in der Gemeinde, förderte neue Ideen und Entwicklungen und gab den Initiativen einzelner Gemeindemitglieder Raum zur Entfaltung. Das Verhältnis zwischen Institution und Charisma, zwischen Gemeindeleitung und Gemeinde erwies sich als ein produktives Gegenüber, besser gesagt, ein produktives Miteinander.

Hiermit wird eine Grundgegebenheit in der Entwicklung und Entfaltung der Gemeindepastoral in St. Matthias aufgezeigt, die prägend für alle Bereiche der Gemeindearbeit war.

Papiersammlung der Jugend von St. Matthias

Ein Blick zurück: „Der Ratsfelsen"

Zur Verabschiedung von P. Ansgar (1998) und von Br. Franz-Leo (2004) drückte die PGR-Vorsitzende Ulla Werner ihren Rückblick auf das Wirken der beiden Seelsorger in Form einer Parabel aus:

Einst lebte im Dschungel von Euskirchen-Süd, inmitten einer neugeschaffenen Menschensiedlung, zwischen lauter großen Tieren und exotischen Vögeln ein brauner Wolf. Aus dem Menschendorf Mechernich hatte es ihn dorthin verschlagen, denn er sollte Herrscher werden über eine Gruppe von ungezähmten, eigenwilligen Tieren.

Manchmal, wenn es ganz leise war im Dschungel, hörte man den Wolf seufzen, denn als Herrscher hat man es wirklich nicht immer leicht.

Damit er nicht so allein war bei seiner Arbeit, und weil sein Reich immer größer wurde, brauchte er die Hilfe der Tiere. Er rief sie zur Wahl eines Rates auf. Bei Mondaufgang versammelten sich seitdem in regelmäßigen Abständen alle Mitglieder des Dschungelrates auf dem großen Beratungsfelsen. Der Wolf überlegte mit ihnen zusammen, wie aus dieser Gruppe von Ungezähmten eine Herde werden könnte. Sie wachten über den gemeinsamen Besitz und die Beute.

Er baute seinen Tieren einen Unterstand, wo sie sich treffen konnten nach strengen Regeln, und viel von dem, was er in hellen Mondnächten erdacht hatte, konnte jetzt hier um den Ratsfelsen herum geschehen.

Der braune Wolf fühlte sich wohl in seiner Umgebung und langsam spürte er, wie sich Zufriedenheit breit machte. Viele Tiere halfen ihm bei seiner schweren Arbeit, große und kleine tummelten sich um den Ratsfelsen und den Unterstand.

Er war aber auch ein sehr freundlicher Herrscher, der es meisterhaft verstand, seine Untertanen zu ermuntern. Er brachte ihnen bei, selber zu jagen und eigene Beute zu machen und nicht nur die Reste der andern zu fressen. Und oft, wenn sie hungrig und durstig nach getaner Arbeit am Ratsfelsen saßen, dann holte er seine eigenen Vorräte und teilte sie mit ihnen.

Ganz selten nur fauchten die Tiere oder zeigten ihre Krallen. Meistens kam er gut mit ihnen aus. Er lud alle Tiere zu einem großen Fest rund um den Ratsfelsen ein. Es strömten von überall aus dem Dschungel die Tiere herbei. Sie trafen sich am Unterstand und feierten und heulten zusammen. Sie erzählten sich Geschichten und Neuigkeiten. Sie teilten ihre Beute miteinander und waren eine fröhliche Herde. Und seitdem findet das Fest immer wieder statt – bis auf den heutigen Tag.

Doch eines Tages, es war im Frühjahr, da zogen dunkle Wolken am Himmel über dem Ratsfelsen auf. Der Wolf wurde vom Bärenkönig in ein neues Reich geschickt. Die Herde um den Ratsfelsen St. Matthias bekam neue Herrscher. Viele zogen von nun an auf den Ratsfelsen und wieder fort.

Jahre später, es war wieder Frühjahr, da kam die Nachricht dass der erste Herrscher der Tiere wieder in sein altes Reich am Ratsfelsen zurückkommen sollte. Die Freude war groß in der Herde.

Doch dem alten Wolf war gar nicht so wohl. Er stand am Abend allein vor seinem neuen alten Reich. Er schaute hinauf zum Mond und seufzte: „Wie wird nun alles werden? Was kann ich tun, damit sich alle zu Hause fühlen rund um den Ratsfelsen? Ob ich es noch einmal schaffe, die Herde zusammenzuhalten?"

Er war älter geworden und sein Fell ein wenig grau. Da zwinkerte ihm der alte Mond zu und er hörte ihn tröstend sagen: „Mach dir keine Sorgen, es wird schon wieder."

Und siehe da, der Bärenkönig gab ihm einen jungen Wolf an die Seite. Fortan arbeiteten beide gemeinsam rund um den Ratsfelsen.

Vieles, was der alte Wolf vor vielen, vielen Jahren begonnen hatte, gab es immer noch. Einiges war bei den Tieren etwas in Vergessenheit geraten und eine ganze Menge hatte sich auch verändert. Es war immerhin fast zwanzigmal Frühjahr geworden seit damals.

Die Tiere merkten, dass der alte Wolf weise geworden war. Er saß oft oben auf dem Ratsfelsen und schaute sinnend auf seine Herde. Im Laufe seines Lebens hatte er gelernt, dass manche Dinge viel Zeit brauchen und dass man manchmal abwarten muss. Nur manchmal, wenn sich etwas in seinem Kopf festgesetzt hatte, dann konnte er noch, so wie früher, um ein Beutestück kämpfen. Dann konnte er reißen und rütteln und nicht locker lassen. Dann war er wieder der junge, braune Wolf, der aus den vielen ungezähmten Tieren eine Herde gemacht hatte.

Und nun ist der alte Wolf müde. Er möchte ausruhen und nicht mehr verantwortlich sein für seine Tiere. Die Tiere rund um den Ratsfelsen St. Matthias wissen, was er für sie getan hat.

Wieder einmal war der erste Frühlingsvollmond gekommen, und der alte Wolf hatte sich endgültig in seine Höhle zurückgezogen. Der Bärenkönig bestimmte den jungen Wolf, die Geschicke rund um den Ratsfelsen von St. Matthias zu leiten. Fortan war er für die Herde verantwortlich. Er war schon jahrelang an der Seite des alten Wolfes mit auf Beutezug gegangen, er kannte die Verstecke und Unterschlüpfe. Und er hatte auch gelernt, eigene Beute zu machen.

Vieles war also nicht neu für ihn, aber vieles musste er auch noch lernen. Das wusste der junge Wolf genau und in trüben Regennächten, wenn kein Mond am Himmel steht und ihm aufmunternd zublinzelte, dann hörte man ihn manchmal tief seufzen: „Werden die Tiere mir vertrauen?

Werde ich ihre Erwartungen erfüllen? "

Ja, es ist nicht leicht, ein Herrscher zu sein! Das hatte schon der alte Wolf gesagt.

Die Tiere rund um den Ratsfelsen von St. Matthias aber waren recht zuversichtlich. Sie begrüßten ihren jungen braunen Leitwolf freundlich und offen. Sie würden ihm dabei helfen, dass sich weiterhin große und kleine Tiere um den Ratsfelsen und den Unterstand tummeln und wohlfühlen würden. So ging das Leben rund um den Ratsfelsen seinen gewohnten Gang.

Bei Mondaufgang versammelten sich nach wie vor die Mitglieder der Dschungelräte in regelmäßigen Abständen und überlegten gemeinsam mit dem jungen Wolf, wie der Weg der vielen unterschiedlichen Tiere weitergehen sollte. Er bestärkte und unterstützte die Mitglieder der Räte in ihrem Bemühen, die Herde zusammenzuhalten und über den gemeinsamen Besitz und die Beute zu wachen.

Es war nicht immer einfach für den braunen Wolf, und ganz selten hörte man ihn in dunklen Nächten seufzen.

Er konnte jetzt alles, was ein Wolf können muss. Manchmal, wenn er nicht jagen brauchte, dann stellte er sich in der Wolfshöhle in die Kochecke und zauberte die tollsten Dinge. Das war pure Erholung für ihn. Das konnte er außerordentlich gut.

Und einmal im Jahr, wenn die Nächte länger wurden und der erste Herbstvollmond am Himmel stand, dann lud er alle Mitglieder des Dschungelrates ein. Er bereitete ihnen ein Mahl, und sie aßen und tranken und waren glücklich und fühlten sich wohl.

Der junge braune Wolf lebte zufrieden mit seiner Herde rund um den Ratsfelsen von St. Matthias. Er saß in seiner Höhle, kochte für die braunen Wölfe, die mit in seiner Höhle lebten, arbeitete mit der Herde und überlegte, wie das Leben rund um den Ratsfelsen noch besser gelingen könnte.

Im Dschungel ist es üblich, sich in jeder siebten Nacht am Ratsfelsen zu treffen. Der junge Wolf hatte die Gabe, die Versammlungen so zu gestalten, dass die Tiere zur Ruhe kommen und sich auf sich selbst besinnen konnten. Dort sprach er zu seinen Tieren und ermutigte sie, ihr Leben unter den Segen des großen Herrn zu stellen. Das tat allen gut und sie mochten ihn sehr.

Der Weg zur Fusion

Bereits in den 1980er Jahren begann man im Erzbistum Köln angesichts der schrumpfenden Zahl von Seelsorgern mit ersten Überlegungen über sinnvolle Formen der Kooperation zwischen den Pfarrgemeinden. Es wurden sogenannte „Nahbereiche" gebildet, in denen die einzelnen Pfarrgemeinden enger als bisher zusammenarbeiten sollten. So bildete St. Matthias zunächst den Nahbereich „Euskirchen Süd", zusammen mit sieben Dörfern, die alle zum Euskirchener Stadtgebiet gehörten. Die Intention bestand darin, Stadt- und Landseelsorge miteinander zu kombinieren. Die nicht unbeträchtliche Größe des Pfarrverbandes im Euskirchener Süden unterstrich die bedeutende Rolle der Franziskaner in diesem Konzept.

Einen veränderten Zuschnitt erhielten die Nahbereiche 1993, ehe dann 1999 die drei Innenstadtpfarreien, St. Martin, Herz-Jesu und St. Matthias, zu einem einheitlichen Seelsorgebereich zusammengeführt wurden, der den Namen „Seelsorgebereich Euskirchen-Kernstadt" erhielt. Auf dieser Ebene bildete sich dann der Pfarrverband in der Innenstadt. Leiter war Br. Franz-Leo Barden bis 2004, sein Nachfolger wurde Br. Tobias Ewald. Diese Personalien lassen erkennen, dass inzwischen den Franziskanern eine tragende Rolle in der Seelsorge der gesamten Stadt Euskirchen zukam.

Auf der Ebene des Pfarrverbandes, in der Pfarrverbandskonferenz, wurde der nächste Schritt der Kooperation vorbereitet und konzipiert: die Fusion der drei Stadtpfarreien. Mit Wirkung zum 1. Januar 2006 verfügte eine Urkunde des Erzbischofs die Auflösung der bestehenden drei Kirchengemeinden und die Gründung der „Katholische Kirchengemeinde St. Martin Euskirchen" unter Zusammenlegung der bisherigen Pfarrbezirke und des Vermögens. Damit endete die eigenständige Geschichte der Pfarrei St. Matthias in der Euskirchener Südstadt. Dass aber die Franziskaner keineswegs aus dem Spiel waren, drückte der Personalspiegel der neuen Großpfarrei aus: Br. Tobias wurde Leitender Pfarrer der Pfarrei, Br. Markus wirkte als Kaplan im gesamten Pfarrsprengel. Die Präsenz der Franziskaner in der Seelsorge weitete sich so auf das gesamte Gebiet der Kernstadt Euskirchen aus. - Rückblickend auf die lange Zeit der Querelen nach der Errichtung des Pfarrrektorats St. Matthias in den 1940er Jahren, drängt sich die Anmerkung auf: Wer hätte das gedacht? Oder anders gesagt: Was würde wohl Pfarrer Koerfer heute dazu sagen?

Die Fusion aus der Sicht der Seelsorger

Zum Zeitpunkt des Inkrafttretens der Fusion Anfang 2006 waren Br. Tobias Ewald und Br. Markus Fuhrmann die Franziskaner, die hauptamtlich als Pfarrer bzw. als Kaplan in die Seelsorge der neuen Großpfarrei eingebunden waren. Sie standen vor der Aufgabe, das zu gestalten, was vorher in langen Überlegungsprozessen konzipiert worden war und was mit der Pfarrverbandskonferenz erste Formen angenommen hatte. Die konkrete Umsetzung der Fusion gehörte nun zu ihrem unmittelbaren Verantwortungsbereich.

Br. Markus kam erst im November 2005 nach Euskirchen und hatte somit die früheren Strukturen der drei Pfarreien in der Stadt selber nicht mehr miterlebt. Seine Erfahrungen als Seelsorger machte er in der fusionierten Großpfarrei. Die folgenden Ausführungen dazu sind das Ergebnis eines längeren Gesprächs mit Br. Markus Fuhrmann, ergänzt mit einigen Hinweisen von Br. Tobias Ewald.

Von Anfang an, so Br. Markus, sei nach der Fusion durch den Wandel der Strukturen bedingt, eine leicht angespannte Situation spürbar gewesen: „Neues sollte nun wachsen, aber es wollte nicht immer so recht.". Man wollte Neues in den Blick nehmen, aber viele alte Traditionen standen dem so manches Mal im Weg. Die Qualitäten der neuen Stadtgemeinde St. Martin konnten nicht ohne weiteres aus der Summe des Bisherigen entstehen. Es wurde deutlich: Da muss etwas dazukommen, das aber gleichzeitig gewachsene Traditionen angemessen berücksichtigt. So kann die Fusion in der aus der Theologie bekannten Formel zwischen dem „schon und noch nicht" gesehen werden.

Dies bedeutete auch, dass die Frage im Raum stand: Was müssen wir lassen, damit Neues wachsen kann. Alle drei bisherigen Gemeinden mussten auf dem Weg zur Fusion etwas zurücklassen, das für sie prägend gewesen war. So hatte zum Beispiel Herz-Jesu keinen Ansprechpartner im eigenen Pfarrbüro mehr, die frühere Martinspfarre musste das Pfarrzentrum aufgeben und in St. Matthias spürte man, dass es im Franziskanerkloster ruhiger und leerer geworden war. Etwas zurücklassen müssen bedeutet, sich zu verabschieden und ein Stück Trauerarbeit zu leisten. Es scheint, dass dieser Prozess auch im Jahr 2012 noch nicht abgeschlossen ist.

Man hörte in Gesprächen mit Gemeindemitgliedern immer wieder heraus: „Früher war alles besser." Nach den Erinnerungen von Br. Markus war dies vor allem in der früheren Gemeinde St. Matthias spürbar. Hier hieß es dann: „Wir haben das hier immer so gemacht." Es war aber auch nicht zu übersehen, dass es zwischen den drei Vorgängergemeinden – Br. Markus spricht im Blick auf die Fusion von „Kirchorten" – eine pastorale Ungleichzeitigkeit gab, wodurch die Fusion erschwert wurde. So waren z.B. in St. Matthias das Selbstbewusstsein und Engagement der Ehrenamtlichen sehr stark entwickelt, z.T. auch in Herz-Jesu; weniger dagegen in St. Martin. Dies konnte dann auch als Überheblichkeit verstanden werden, wenn es hieß: „Wir haben da schon was."

Aus den unterschiedlichen Situationen der drei „Kirchorte" ergaben sich unterschiedliche Anforderungen an die Seelsorger. Wenn z.B. Br. Markus in die sorgfältige und intensive Vorbereitung der Karliturgie mit dem Liturgiekreis von St. Matthias eingebunden war, bedeutete dies einen erheblichen Zeitaufwand, der dann für andere Aufgaben in der fusionierten Pfarrei blockiert war.

Es entwickelten sich aber auch positive Synergieeffekte auf der Ebene der fusionierten Pfarrei, wie z.B. in der Erstkommunion- und Firmvorbereitung, wobei durchaus die Eigenheiten der einzelnen Kirchorte Berücksichtigung fanden. Andererseits war auch von Anfang an deutlich, dass die Messdienerarbeit oder die Lektorendienste nicht zusammengelegt werden konnten.

Br. Tobias Ewald

Die Zusammenführung in anderen Bereichen verlief unterschiedlich. Die bisherigen gemeindlich strukturierten Gruppen der kfd wurden zum Beispiel sehr bald – nicht ohne interne Probleme – auf Stadtebene fusioniert. Die Zusammenführung der Kirchenchöre gestaltete sich schwieriger und brauchte wesentlich mehr Zeit.

Br. Markus weist kritisch darauf hin, dass der sozial-diakonische Bereich in der Pfarrei recht wenig beachtet wurde. Zwar war die Pfarrcaritas sehr engagiert in ihren Beratungsstunden im Pfarrbüro, aber eigene soziale Projekte wurden nicht entwickelt. Das, was früher von St. Matthias

Br. Markus Fuhrmann

aus im Rosental an sozialer Arbeit geleistet worden war, hatte sich nach der Auflösung dieser Randsiedlung nicht weiterentwickelt. Soziale Brennpunkte, wie sie z. B. in den Hochhäusern an der Peter-Simons-Straße bestanden, wurden nicht zum Thema. Ein Grund für die mangelnde Außensicht lag aber auch darin, dass der Prozess der Fusion zwangsweise dazu führte, sich zunächst mit sich selber zu beschäftigen und den Blick nach innen zu richten, d.h. auf die veränderte pfarrliche Situation in Euskirchen.

Zusammenfassend ist zu sagen, dass das Zueinander von Großpfarrei und den einzelnen Kirchorten auch in Zukunft eine pastorale Herausforderung bleiben wird. Wenn zudem die Ressourcen im Team der Hauptamtlichen weiter schwinden, zeichnet sich mit aller Deutlichkeit ab, dass nicht alle Aufgaben und Anforderungen, mögen sie noch so sinnvoll und in der Tradition begründet sein, erfüllt werden können.

Zur Präsenz der Franziskaner in der Innenstadt

Ein deutliches Signal für die Verlagerung der Präsenz der Franziskaner in Richtung Innenstadt war mit der Verlegung des Pfarrbüros in die Kirchstraße gesetzt worden. Br. Tobias hatte jetzt hier seinen primären Arbeitsplatz. Er kam nicht mehr aus der Südstadt in die Innenstadt, e r w a r d o r t. Br. Markus behielt wegen des Raummangels im zentralen Pfarrbüro an St. Martin sein Büro im Franziskanerkloster. Zu den Terminen in der Stadt k a m e r h i n. Für ihn ergaben sich so ganz von selber engere Kontakte zu den Menschen und Gruppierungen in der Südstadt.

Im gottesdienstlichen Bereich waren die Franziskaner in den Innenstadtkirchen sehr willkommen. Bewusst hatten sie viele Gottesdienste in den Kirchorten St. Martin und Herz-Jesu übernommen. Br. Markus sagt aber auch, dass er aus seiner Sicht die Gottesdienstgemeinden sehr unterschiedlich erlebte und sich nicht überall gleichermaßen ‚zu Hause fühlte'.

Dagegen gab es im Bereich der Trauerpastoral keine Unterschiede. Die Situation des Sterbens und des Todes ist immer der pastorale Ernstfall. Hier geht es um die Begleitung von echten, existentiellen Lebenssituationen. Br. Markus sagt: „Hier habe ich die Pfarrarbeit richtig kennengelernt, bezogen auf die ganze Stadt." Sowohl Br. Markus als auch Br. Tobias setzten einen seelsorglichen Schwerpunkt auf die Trauerpastoral und erlebten sich gerade in solchen Situationen unbedingt willkommen – in der ganzen Stadt. Sie füllten vielleicht auch eine Lücke, die den Erwartungen der Betroffenen entgegenkam.

Aus dem – gerade zuletzt – Gesagten lässt sich ableiten: Das Grundprinzip franziskanischer Seelsorge, nämlich Dialog und Begegnung auf Augenhöhe, wirkt auch unter veränderten strukturellen Bedingungen. Es zeigt sich aber auch, dass es keine „pastorale Methode" ist, die automatisch zu veränderten Situationen führen würde. Die Akzeptanz der Menschen – so, wie sie sind – und der Respekt vor gewachsenen Traditionen brauchen ihre Zeit des Wachsens und erfordern lange Wege, bis sie sich entfalten können und Früchte bringen.

Abschied von den Franziskanern

Am Palmsonntag des Jahres 2009 war es dann soweit. Das, was immer schon mal in der Euskirchener Südstadt befürchtet worden war, wurde im Gottesdienst am Sonntagvormittag offiziell verkündet. Br. Markus musste der Gemeinde mitteilen, dass der Orden der Franziskaner im nächsten Jahr – also 2010 – Euskirchen verlassen werde. Ein schwerer Schlag für viele Gemeindemitglieder. Betroffenheit, Trauer und Nachdenklichkeit machten sich breit.

Die Gründe für die Entscheidung, den Euskirchener Konvent aufzugeben, waren einsichtig und nicht wegzudiskutieren. Der starke zahlenmäßige

Schrumpfungsprozess in ganz Deutschland zwang den Orden dazu, die bisherigen vier Provinzen zu einer Provinz zusammenzulegen. Als weitere Folge ergab sich die Notwendigkeit, die weniger gewordenen Kräfte auf eine kleinere Zahl von Standorten zu konzentrieren. Nachdem bereits vorher einzelne Klöster geschlossen worden waren, beschloss der Provinzrat im Frühjahr 2009, auch den Euskirchener Standort aufzugeben. Es gab keine genügende Zahl von Franziskanern, die bereit oder geeignet waren, in der Pfarrseelsorge zu wirken.

In einem Zeitungsinterview der Kölnischen Rundschau (KRS), das im Sommer 2010 mit Bruder Markus und Bruder Tobias geführt wurde, wird deutlich, was der Abschied des Franziskanerkonvents aus Euskirchen für die beiden Seelsorger bedeutete.[6]

KRS: Es ist für einen Geistlichen ja nichts Ungewöhnliches, den Betätigungsort zu wechseln. Ist es etwas anderes, ein Kloster zu verlassen, das aufgelöst wird?

Br. Tobias: Ja, die Atmosphäre im Kloster ist anders. Wir verlassen einen Ort, der uns auch als Besucher nicht mehr zur Verfügung stehen wird.

Br. Markus: Ein bisschen verwurzelt man sich ja immer. Diesen Ort hier aber lassen wir ganz zurück. Da kommt schon Wehmut auf.(…)

KRS: Was nehmen Sie aus Euskirchen mit?

Br. Markus: Viele liebe Menschen - Geschichten, Erlebnisse und Erfahrungen mit Menschen. Viele schöne Situationen, aber auch, was genauso tief gehen kann, manchmal noch tiefer, traurige Situationen.

Br. Tobias: Wo wir auch in Familien hinein durften, wo du normalerweise draußen vor bleibst.

Br. Markus: Mich berührt das auch in diesen Tagen wieder: Man fährt an ein paar Leuten vorbei und die Menschen grüßen. Das ist eine Erfahrung, die kannte ich vor Euskirchen nicht. Das war hier so ein Eingebundensein, so ein soziales Netz, diese Erfahrung nehme ich sicherlich mit.

Br. Tobias: Auch bestimmte Orte nehme ich mit. Ich habe sehr gern im Kloster-Innenhof gesessen. Ich genieße es, in der Werktags-Kapelle zu sein. Das sind Orte, die ich schätzen gelernt habe.

Br. Markus: Ich werde ganz konkret die Matthias-Kirche vermissen. Ich war hier in den letzten Jahren für die Kar- und Osterliturgie zuständig. Und es gibt hier einen Kreis, der das alles vorbereitet hat und gerne auch mal experimentiert. Da haben wir intensiv mit dem Kirchenraum gearbeitet. Das waren ganz neue Raumerfahrungen. Ich habe auch viele Klosterführungen mit Kommunionkindern gemacht. Denen fiel besonders der Kreuzgang auf. Die haben festgestellt, dass man da Inliner im Kreis fahren kann. So einen langen Flur hat keiner daheim.

Br. Tobias: Oder mit den Pedalos. Vor allem wenn du die Kurve nicht kriegst.

(lacht) Das war schon eine tolle Sache. Aber auch als unser verstorbener Mitbruder Hermann-Josef im Kreuzgang unter dem Kreuz aufgebahrt war. Da kamen Gemeindemitglieder, um sich von ihm zu verabschieden. Und du hörtest währenddessen Bruder Franz-Leo pfeifen, der nächste Besucher schellte an der Tür... Das war eine schöne Erfahrung.

Br. Markus: Der Tod mitten im Leben. Ja, das war eine ganz tolle Erfahrung.

KRS: Also gab es auch Leben von außerhalb, das ins Kloster kam? Wie wichtig war es Ihnen, das ins Kloster zu holen?

Br. Markus: Das kam ja von selber. Es war eher umgekehrt ein Problem. Also die Frage, was den Mitbrüdern noch zuzumuten ist. Auch wegen des Umbaus des Pfarrzentrums am Kahlen Turm

Br. Tobias: Da fielen etliche Räume weg. Wir haben deshalb viel an Pfarrleben mit im Refektorium gehabt. Wir haben dann eher geguckt: Wie kriegen wir etwas, das wir mal nur für uns haben?

KRS: Hatten Sie in Euskirchen Erlebnisse, die Sie im Glauben und Ihrem Weg bestärkten?

Br. Markus: Ich habe hier in dieser Pfarrei für mich einen Stand gefunden, wie ich mein Priester-, mein Franziskaner-, mein Christ- und mein Menschsein einander zuordnen kann und habe dabei festgestellt, wie wichtig für mich dieser Aspekt des Bruder-Seins ist. Mich berührt es immer noch, wenn jemand sagt: ‚Hallo, Bruder Markus' Das ist für mich auch eine Glaubenserfahrung.

Br. Tobias: Bei mir ist es so: Wir haben an vielen existenziellen Punkten mit Menschen zu tun gehabt, wo du mit Fragen in Berührung kommst, wo du dieses echte Ringen erlebst, und ich auch manchmal Menschen begleiten durfte. Durch diese Begleitung an existenziellen Punkten habe ich die Erfahrung gemacht, dass Gott mich ein Stück begleitet. Das war ein Stück entlastend. Aber dass ich auch gleichzeitig mit Fragen in Berührung komme, die ich mir ohne diese Menschen wahrscheinlich so nie gestellt und mich auch nicht auf die Suche nach Antworten begeben hätte. (…)

KRS: Was behalten Sie als typisch für Euskirchen in Erinnerung?

Br. Tobias: Dass es viele qualifizierte Menschen gibt.

Br. Markus: Fitte ehrenamtliche Menschen, die sich über den Gottesdienstbesuch hinaus in der Gemeindearbeit engagieren. Hier ist das immer noch stärker als andernorts.

Br. Tobias: Und die Ehrenamtlichen bringen das Know-how aus dem Beruf, das sie haben, ein. Zum Beispiel die ganzen Lehrer, die zur Moschee-Gemeinde gehen, um Unterricht zu geben.

Br. Markus: An schöne Liturgien erinnere ich mich auch. Da gibt es hier viele, die darauf Wert legen und auch Lust haben, sie mit vorzubereiten.

Br. Tobias: Besonders gefreut hat mich, dass die Vertreter der Moschee und von Ditib bei unserem Abschiedsgottesdienst waren. Da ist etwas gewachsen, das auch durch die Person von Markus geschehen ist. Schön war auch das freundschaftliche ökumenische Miteinander, was ich nicht überall so gehabt habe. Und was ich als typisch Euskirchen in Erinnerung behalten werde, ist, dass Aufgabenfelder und Themenbereiche auch von engagierten Ehrenamtlichen als Impulse und Ideen gegeben wurden. Also nicht: Die Hauptamtlichen sind die Macher. So wurden von engagierten Gemeindemitgliedern viele „Kinder aus der Taufe gehoben", wie etwa das Café Paradies. Das sind Punkte, die ich nicht oft erlebt habe.

KRS: Seit 1916 lebten Franziskaner in Euskirchen. Was haben sie für Euskirchen bedeutet?

Br. Tobias: Was ich aus Briefen mitbekommen habe: Heimat und eine enge Verknüpfung mit der eigenen Biografie. Ob es darum geht, dass sie Franziskaner als Lehrer hatten, Erstkommunion, Firmung, Hochzeit, die Enkel getauft, den Mann beerdigt - du merkst wirklich, dass sie sagen: Immer an diesen Punkten in unserer Familie war ein Franziskaner da. Immer. Und ich kenn' das nicht anders. Es ist etwas, das immer da war, von dem man sich gar nicht vorstellen kann, dass es irgendwann nicht mehr da ist.

Karneval 2010: Was wird aus dem Kloster?

Die Menschen in und um St. Matthias, alle die sich dem Franziskanerkloster bzw. den Franziskanern in irgendeiner Weise verbunden wussten, hatten über ein Jahr Zeit, sich auf den Abschied von den Franziskanern einzustellen. Beim „Veedelszoch" am Karnevalssamstag 2010 gelang es noch, dieses bevorstehende Ereignis von der heiteren Seite zu sehen. Das Motto der Fußgruppe von Gemeindemitgliedern lautete: „Oh, mein Jott! De Päterche john fott." Es wurden etliche – nicht ernst gemeinte Vorschläge zur weiteren Verwendung des Klosters gemacht: als Altersresidenz für Kardinal Meisner, als Klosterbrauerei oder Seniorenheim. Die Gruppe wurde angeführt von zwei überlebensgroßen Franziskanerfiguren, unter denen Br. Franz-Leo und Br. Michael steckten.

Eine ganz andere Stimmung lag über dem feierlichen Abschiedsgottesdienst am 7. November 2010. Die Kirche war bis auf den letzten Platz gefüllt, selbst die Stehplätze waren rar. Weihbischof Koch warb in seiner Ansprache dafür, die Situation auch als Chance zu verstehen und die Zukunft positiv zu gestalten. Das Gros der Gottesdienstteilnehmer wird zu diesem Zeitpunkt wohl kaum in der Lage gewesen sein, sich diesen Gedanken zu stellen. Es war nicht zu übersehen, der Abschied von den „Päterchen" fiel schwer, es flossen Tränen.

Br. Tobias erklärte in seiner Predigt: „Wir Franziskaner sind es gewohnt, alle sechs Jahre versetzt zu werden. Deshalb erleben wir den Weggang noch einmal anders als die Gemeinde." Aber auch den Franziskanern sei bewusst, dass der anstehende Wechsel mit massiven Veränderungen verbunden sei.

Zwei Jahre später: Das Kloster steht immer noch leer. Efeu rankt über die Fenster. Für viele ein trauriger Anblick. Die Erinnerungen indes bleiben lebendig. Die Spuren der Franziskaner sind nicht zu verwischen.

Anmerkungen

1   O. Linden, Die Franziskaner in Euskirchen, in: J. Franke (Hg.), 650 Jahre Stadt Euskirchen 1302-1952. Festschrift zum Stadtjubiläum Bd. I, Euskirchen 1952, S. 151-156; hier: S. 154.
2   Ebd., S. 155.
3   Leitlinien für den ökumenischen und interreligiösen Dialog in franziskanischer Perspektive, in: Zum Dialog berufen. Jubiläumsausgabe zum franziskanischen Auftrag in unserer Zeit, (Grüne Schriftenreihe Nr. 100) hg. von der Missionszentrale der Franziskaner, 2006, S. 8.
4   Stefan Federbusch OFM, Elemente franziskanischer Spiritualität, Nr. 24, www.infag.de.
5   Herbert Schneider OFM, Der kleine Weg des Bruder Matthias, Verlag Positives Leben.
6   Interview: „Man fährt vorbei, die Menschen grüßen", Kölnische Rundschau vom 07.08.2010. Das Interview führte Johannes Mager.

Quellen

-   Schriftliche Aufzeichnungen Prof. Dr. Paul Bungartz, Rolf Kips und Ulla Werner. – Gespräche mit Otto Werner, Br. Franz-Leo Barden, Liesel Schaffartzik, Br. Markus Fuhrmann, Br. Tobias Ewald.

3. Kapitel

Spuren des Franziskanischen –
Erinnerungen und biografische Fragmente
zum Wirken einzelner Franziskaner

von Ernst Werner

Der geschichtliche Überblick zum fast 100jährigen Wirken der Franziskaner in Euskirchen zeigt eine gewisse Bandbreite der ausgeübten Tätigkeitsfelder – zwischen Gymnasium und Kaserne, zwischen Internat und Pfarrseelsorge. So stellt sich die Frage: Worin liegt „das Franziskanische" dieses unterschiedlichen Tuns? Oder aus einer anderen Perspektive gesehen: Was vermissen Menschen in Euskirchen, wenn sie die Abwesenheit der Franziskaner in ihrer Stadt beklagen? Ist es nur der gelegentliche Anblick einer braunen Kutte in der Stadt?

Leben und Wirken des heiligen Franziskus war nicht von Anfang an von einem bestimmten Programm oder einer Idee bestimmt. Er verstand sich als Suchender und orientierte sich dabei radikal an einem Lebensstil, der dem Evangelium entsprach. Seine Verkündigung war nicht primär das Wort der Predigt, sondern das Zeugnis des Lebens nach dem Vorbild Jesu und seiner Apostel. Franziskanische Mission unterscheidet sich deshalb von jedwedem gewaltsamen Überstülpen religiöser Überzeugung und Praxis – wie es so oft bei der Missionierung der Kirche geschah. Vorrang hat immer das Zeugnis des Lebens aus dem Evangelium. Und dies geschieht dort, wo die Menschen sind, zu denen sich die Brüder des Franziskus gesandt wissen, seien es Menschen in Asien und Südamerika oder Menschen im altchristliche Europa, seien es die Armen im Nordosten Brasiliens oder die in der Mehrzahl gut situierten Menschen in der Südstadt Euskirchens.

Dieser Ansatz missionarischen Wirkens braucht ein starkes Selbstbewusstsein, das im Wissen um die persönliche Berufung begründet ist. Es braucht den Raum zur Entwicklung unterschiedlicher biografischer Wege. Das gemeinsame Fundament liegt im Hören auf das Wort Gottes als Inspiration für das eigene Leben, im Ringen um eine persönliche Gottesbeziehung und der sich daraus entwickelnden persönlichen Berufung. Wo immer auch diese hinführt, charakteristisch für „das Franziskanische" ist die respektvolle, geschwisterliche Begegnung mit Anderen, mit Frauen und Männern, die als Mitgeschöpfe willkommen sind.

In der Zusammenstellung von „Bausteinen für einen Lebensentwurf nach Clara und Franz von Assisi" von Helmut Schlegel OFM heißt es: „Du bist einmalig. In dir steckt eine Idee Gottes (…) Du brauchst aus deinem Leben kein Programm zu machen (…) Sieh das Jetzt und das Heute (…) Glaube an die Fähigkeit aller Menschen, zu lernen und sich auf das Gute einzulassen (…) Betrachte die Geschöpfe als Spiegelbilder Gottes."[1]

Es ist hier nicht der Ort für eine umfassende und vertiefende Betrachtung der Elemente einer franziskanischen Spiritualität. Es soll hier lediglich die Richtung angezeigt werden, in der „das Franziskanische" aufgespürt werden kann. Es soll deutlich werden, dass wir nicht in einem schriftlich vorgegebenen „Programm" fündig werden, sondern dass die Spuren des „Franziskanischen" letztlich im Lebenszeugnis der „minderen Brüder" des heiligen Franziskus zu finden sind. Sie sind einfach da in den unterschiedlichen Lebensfeldern der Menschen und bezeugen durch ihre Lebensart das zuvorkommende und versöhnende Interesse Gottes am Menschen, nicht zuletzt für die Menschen am Rande der Gesellschaft: die Armen, Kranken, die seelisch und körperlich Bedürftigen. Dies bedeutet auch, dass mit unterschiedlich gefärbten Profilen zu rechnen ist, wenn wir auf das Leben einzelner Franziskaner schauen, die in Euskirchen gelebt und gewirkt haben – im Gymnasium, in der Kaserne, im Internat, in der Pfarrseelsorge oder einfach als Mitglieder des Konvents.

Ein weiterer Aspekt ergibt sich aus diesem Ansatz: Konsequent sein Leben am Evangelium auszurichten, bedeutet aufzubrechen, sich auf den Weg zu machen. Als Pilger durch das Leben und die Welt zu ziehen, verbietet es, sich an einem Ort festzumachen. „Als Frau Armut die Brüder fragte, wo sie wohnten, führten sie sie auf einen hohen Berg. Mit weitausholender Gebärde zeigten sie ihr die Welt und sagten: ‚Das ist unser Kloster, Herrin!'"[2]

Die Beschreibung des geschichtlichen Weges der Franziskaner in Euskirchen spricht immer wieder vom „Provisorium", womit nicht nur die erste Niederlassung in einem Wohnhaus auf der Münstereifelerstraße gemeint ist. Es ist kein Zufall und auch nicht nur die Folge unterschiedlicher historischer und gesellschaftlicher Gegebenheiten. Die Vorläufigkeit gehört zum Franziskanischen; sie ist Ausdruck franziskanischen Selbstverständnisses und erfordert vom Einzelnen: „Flexibilität und Nicht-Gebundensein an bestimmte Orte, Innerlich und Äußerlich beweglich bleiben. Sich nichts aneignen. Die Zeichen der Zeit erkennen. Neue Herausforderungen annehmen."[3]

Das Zusammentreffen von Menschen, die ihr Leben an diesen Idealen auszurichten versuchen, mit denen, die als Einwohner eines bestimmten Stadtviertels mit einem ausgeprägten Selbstbewusstsein seelsorgliche Begleitung erwarten, birgt Chancen und Spannungen zugleich. Chancen dann, wenn aus diesen Spannungen produktive Kräfte zur Gestaltung gemeinsamer Zielsetzungen erwachsen.

Auf diesem Hintergrund sollen im Folgenden einzelne Franziskaner, die in Euskirchen gelebt und gewirkt haben, in den Blick kommen – alle zu erfassen, die irgendwann einmal zum Euskirchener Franziskanerkonvent gehört haben, kann dabei nicht unsere Intention sein. Vielmehr ist – alleine schon aus Platz-gründen – eine Auswahl zu treffen. Es wäre wohl auch für die Leserinnen und Leser dieses Buches nicht hilfreich, wenn sie sich mit einer Fülle biografischer Einzelheiten konfrontiert sähen. Schließlich ist auch der Zeitraum begrenzt, der durch persönliche Erinnerungen überhaupt noch erreicht werden kann. So ergibt sich aus dem zeitlichen Abstand eine Schwerpunktsetzung auf die Zeit franziskanischen Wirkens in Euskirchen nach dem 2. Weltkrieg. Dass zudem die hier getroffene Auswahl durchaus subjektive Hintergründe hat, d.h. mit der Brille der Autoren gesehen wird, soll nicht bestritten werden.

Refektorium im Franziskanerkloster

Wie ich die „Päterchen" erlebte
von Pfr. Josef Embgenbroich

Josef Embgenbroich ist gebürtiger Euskirchener (Jg. 1939); Kindheit und Jugendzeit verbrachte er in der Saarstraße, wurde 1965 in Köln zum Priester geweiht und war später u.a. lange Jahre Pfarrer in Köln-Bickendorf/Ossendorf. Heute lebt er als Pfarrer i.R. in der Kölner Südstadt. So wie er Franziskaner in Euskirchen erlebt hat, werden durchaus Spuren franziskanischer Grundhaltung – wie oben skizziert – deutlich, ohne dabei unkritisch Grenzen und Widersprüche in der gelebten Praxis auszublenden:

„In seiner Predigt bei meiner Primiz am 14. Februar 1965 in der Herz-Jesu-Kirche erinnerte mich Dechant und Pastor J. Heindrichs an mein persönliches Erleben mit den Euskirchener Franziskanern: ‚Vergiss deine erste Liebe nicht, die zu den Franziskanern. Zum Zeichen dafür steht heute P. Lambert mit hier am Altar.'

Die Hinwendung zu den Franziskanern und der Rektoratskirche St. Matthias war verursacht durch den Pfarrer von Herz-Jesu, H. J. Koerfer, der im Frühjahr 1948 meinen Eltern keine Erlaubnis geben wollte, mich als ‚Pfarrkind' von Herz-Jesu in St. Matthias zur Erstkommunion anzumelden. Ich besuchte damals die Südschule, die spätere Franziskusschule, in der die Franziskaner auch den Katechismus- und Erstkommunionunterricht erteilten. Meine Eltern entschieden sich dennoch für St. Matthias, auch ohne die pfarrherrliche Erlaubnis. So kam ich also zu den Franziskanern, damals weitgehend als die ‚Päterchen' und ihr Ordenshaus als ‚Klösterchen' in Euskirchen bekannt. Beide Verniedlichungsbezeichnungen sind liebevoll gemeint; sie stehen für die Wertschätzung der Bescheidenheit und Freundlichkeit der meisten Patres – und auch der Brüder.

Wenn man aus heutiger Sicht nach dem Seelsorgskonzept der Franziskaner in den 50er und 60er Jahren fragt, so will ich es aus meiner Sicht und damaligem Erleben so beschreiben: Es gab sie einfach an diesem Ort, oder anders ausgedrückt: Sie waren einfach da!

Konkret zeigte sich diese Präsenz im Pfortendienst, in den zahlreichen Zeiten zur Beichtgelegenheit, in der Vielzahl von hl. Messen und Andachten. Sie halfen in vielen Orten des Euskirchener Umlands bei Gottesdiensten und Predigten aus. Sie fielen in den Straßen auf durch ihr Ordenshabit, besonders in der Südstadt. Zwei Patres waren Lehrer am Emil-Fischer-Gymnasium. Die Patres und Brüder erfuhren Zuspruch aus den beiden soziologisch unterschiedlichen Teilen des Pfarrbereichs, dem Bereich um die Münstereifeler Straße, aber eben auch um die Roitzheimer Straße mit der Barackensiedlung und dem Rosental. Dies alles war in jener Zeit wahrscheinlich typisch für eine Klosterpfarrei, und ich würde es auch typisch franziskanisch nennen.

Einige Patres sind mir in besonders positiver Erinnerung geblieben: P. Jakobus, der Pfarr-Rektor zur Zeit meiner Erstkommunion, P. Paschalis, sein Nachfolger, ein kluger, zurückhaltend-freundlicher Priester. Von Pater Lambert war oben schon die Rede, ein wirklicher ‚Bruder Immerfroh‘, sein bevorzugtes Fortbewegungsmittel war das Fahrrad. Namentlich sind mir keine der vielen Ordensbrüder in Erinnerung, aber ich habe ihre bescheidene und handfeste Lebensart und Frömmigkeit bewundert. Einige konnten spannend von ihren harten Erfahrungen als Soldaten im 1. und 2. Weltkrieg erzählen. Als ‚Kött-Brüder‘ waren sie oft in den Dörfern unterwegs und trugen so zum Lebensunterhalt des Konvents bei. Viele Jahre war ich Messdiener und Messdienerleiter und auch, wie es damals hieß, Vorbeter. So konnte ich einiges vom Innenleben und Binnenklima des damaligen Konvents miterleben. Es ist zu bedenken, dass in den 50er Jahren die Lebensverhältnisse insgesamt bescheidener und im Kloster auch armseliger waren. Von daher schätze ich die damals erfahrene Gastfreundschaft im Kloster und dem einfach ausgestatteten Refektorium, in dem wir Messdiener manchmal bewirtet wurden, nachhaltig positiv.

Natürlich nahm ich auch ‚Unfranziskanisches‘ wahr: Ein Pater, der als Messdienerkaplan mit seinem Knotenstrick des Habits bei Fehlern oder Fehlverhalten während des Altardienstes später in der Sakristei um sich schlug. Oder ein Pater, der auch mein Latein- und Religionslehrer am Emil-Fischer-Gymnasium war, sicher sehr sprachbegabt, aber in Auftreten und Lebenskultur dem Ideal eines Minderbruders und der Maßgabe der evangelischen Räte nicht sehr nahe kam, abgesehen von seinen äußerst konservativen Thesen im Religionsunterricht. Behutsam vorgetragene Rückmeldungen aus dem Internatsleben im Schülerheim durch meine Mitschüler ließen auf ein dort einengendes Hausreglement schließen.

Befremdet hat mich damals die ‚Zweiklassengesellschaft‘ innerhalb des Konvents, im Klartext: die klar abgezeichnete Unterscheidung zwischen den ‚Priester-Patres‘ und den Brüdern. Deutlich war dies spürbar in den Anreden ‚Herr (!) Pater‘ und nur einfach ‚Bruder‘. So waren damals die Zeit und der Zeitgeist, aber je deutlicher ich etwas vom Innenleben im Kloster wahrnehmen und miterleben konnte, umso größer wurden meine Fragezeichen.

Mein Wunsch und Berufsziel, Priester zu werden, ist ganz sicher in St. Matthias entstanden und gewachsen. Aber in der Zeit vor meinem Abitur fühlte ich mich dann mehr zum sogenannten ‚Weltpriestertum‘ hingezogen. So fand ich meine kirchliche und vor allem meine theologische Heimat wieder in der Herz-Jesu-Pfarrei und ihrem Pastor, Josef Heindrichs. Seine Worte der Erinnerung an die ‚erste Liebe‘ blieben mir allerdings bleibend in Erinnerung.

Als ich 1974 als Kreisjugendseelsorger und Subsidiar an Herz-Jesu nach Euskirchen versetzt wurde, nahm ich meinen Wohnsitz wieder im ‚Pfarrsprengel St. Matthias'. Erneut konnte ich am sich äußerst positiv entwickelnden nachkonziliaren Gemeindeleben teilnehmen. Ich erlebte Aufbrüche in einer lebendigen Gemeinde, im Innenleben eines schickfranziskanischen Klosters und in der Liturgie in der wunderschönen Kloster- und Gemeindekirche. Auch nach meiner Versetzung von Euskirchen nach Köln waren bis zum Jahr 2010 Gemeinde, Gottesdienste und Patres, die inzwischen zu Brüdern geworden waren, immer wieder einer guten Begegnung wert, auch im Sinne der Nachhaltigkeit einer ‚ersten Liebe'."

Die Pfarrrektoren: 1941-1968

Im Mai 1941 wurde das Rektorat St. Matthias durch einen entsprechenden Erlass des Erzbistums Köln errichtet. In einem Schreiben vom 22. Mai 1941 bittet der damalige Kapitularvikar des Erzbistums, Domkapitular David, den Provinzial der Franziskaner, einen Priester für die Aufgabe des Pfarrrektors vorzuschlagen. Daraufhin wurde P. Hildebrand Vaasen mit diesem Amt betraut.

P. Hildebrand, Jahrgang 1904, war vorher als Lehrer und Erzieher an der Ordensschule in Exaten tätig, später als Kaplan in Essen. Bereits 1947 musste er krankheitsbedingt seine Aufgabe in Euskirchen abgeben, nachdem er bereits im Frühjahr 1945 eine lebensbedrohliche Entzündung glücklich überstanden hatte.

P. Hildebrand Vaasen

Im zeitlichen Abstand von über sechzig Jahren sind persönliche Erinnerungen an P. Hildebrand kaum noch greifbar. Ich selber weiß aus den Erzählungen meiner Eltern, dass ich im September 1945, wenige Tage nach meiner Geburt von ihm getauft worden bin. Jahre später, 1976, bin ich ihm im Franziskanerkloster in Mönchengladbach kurz begegnet. Er war dort noch in der Schwestern- und Altenseelsorge tätig. In meiner Erinnerung hat sich das Bild eines freundlichen, älteren Herrn erhalten.

Deutlicher sind die Erinnerungen von Gertrud Rogmans. Sie bezeichnet P. Hildebrand als den „guten Hirten", der engen Kontakt zu den Menschen in seiner Pfarrei, besonders zu den Familien, pflegte. Fehlte eines der Kinder in der sonntäglichen Messe, kümmerte er sich persönlich darum und besuchte die Familie.

Die Jugendarbeit war ihm ein besonderes Anliegen; er gründete Messdiener-gruppen und eine Mädchengruppe. Dazu gehörten Mädchen aller Schularten, auch die von der Roitzheimerstraße aus den Baracken – in der damaligen Zeit alles andere als selbstverständlich. Regelmäßig versammelte P. Hildebrand die Jugendlichen der Pfarrei zur Feier der Heiligen Messe um den Altar, und das am frühen Morgen um 6.10 Uhr.

Kurz nach Ende des 2. Weltkrieges, als belgische Besatzungstruppen die Engländer in Euskirchen ablösten, wurden Familien, etliche davon aus der Südstadt, aus ihren Häusern ausgewiesen, um den Familien der Belgier Platz zu machen. Sie wurden zunächst in der „Funkkaserne" an der Frauenberger-straße (heute Amt für Geoinformationswesen der Bundeswehr) untergebracht. Wenn P. Hildebrand sich speziell um sie kümmerte, können wir dies wohl als Umsetzung franziskanisches Geistes an den Menschen in ihren konkreten Nöten verstehen. Dazu passt es, wenn Frau Rogmans sich heute noch daran erinnern kann, dass P. Hildebrand eine verständliche und nicht akademisch-abstrakte Sprache bei der Vermittlung von Glaubensinhalten benutzte.

Die seelsorgliche Tätigkeit von P. Hildebrand als Pfarrrektor wurde stark beeinflusst durch die Auseinandersetzungen mit Pfarrer Körfer von Herz-Jesu um die Rechte des neuen Pfarrsprengels. Der erste Pfarrrektor von St. Matthias starb am 11. Januar 1985 in Mönchengladbach und wurde dort auf dem Hauptfriedhof beerdigt.

Erstkommunion 1943 mit P. Hildebrand

Nachfolger von P. Hildebrand als Pfarrrektor von St. Mattias wurde P. JA-
KOBUS WALLENBORN, der dieses Amt nur für drei Jahre übernehmen konnte
(1947-50). Die Erinnerungen sind spärlich: Er sei mit neuen Ideen gekommen
– so die Zeitzeugin Gertrud Rogmans. Ein anderer - Dr. Karl-Heinz Decker –
nennt ihn sogar einen „Rebellen".

Die Auseinandersetzungen um die Rechte des Pfarrrektorats gegenüber
der „Mutterpfarre" Herz-Jesu sind zwar inzwischen beigelegt. Jedoch wissen
wir aus einem Schreiben des späteren Euskirchener Bürgermeisters Jakob
Kleinertz an den Provinzial der Franziskaner vom 27. Oktober 1949, dass es
Befürchtungen gab, die Franziskaner könnten sich aus der Seelsorgearbeit
zurückziehen. Zugleich lobte der Briefschreiber das blühende religiöse Leben
in der Südstadt und sprach sich für eine Verselbständigung des Pfarrrektorats aus. Dieser Brief lässt erkennen, wie sehr das seelsorgliche Wirken der
Franziskaner bereits wenige Jahre nach der offiziellen Errichtung 1941 von
den Menschen der Südstadt geschätzt wurde. Dass dazu die beiden ersten
Amtsinhaber, P. Hildebrand und P. Jakobus, wesentlich beigetragen hatten,
liegt auf der Hand.

Nach den jeweils eher kurzen Amtszeiten der ersten Pfarrrektoren kann sich
ab 1951 eine längere, kontinuierliche Ära in der Pfarrarbeit entwickeln. P. LAM-
BERT KRÜSSMANN (1911-1998) übernimmt das Amt des Pfarrrektors von St. Matthias, das er 17 Jahre lang bis 1968 behalten wird. Viele Südstädter, die in den
50er und 60er Jahren die „Südschule" – heute Franziskusschule – besucht und
in der Franziskanerkirche ihr Erstkommunion empfangen haben, werden sich
heute noch an diesen, immer frohen, gut gelaunten „Pater Rektor" mit seinem
herzhaften Lachen erinnern. Wenn er mit dem Fahrrad vom Kloster über den
Eifelring zur Südschule fuhr – oder zurück – hing eine Traube von Kindern an
seinem Hinterrad. Das freudige Kindergeschrei: „Pater Rektor, Pater Rektor…"
begleitete ihn. Wenn er dann in seine Kapuze griff, kamen allerlei Süßigkeiten
für die Kinder zum Vorschein. Dass er alle Kinder beim Namen kannte, zeigt
seine echte Hinwendung zu den Kindern und ihre Wertschätzung.

In den Erinnerungen von Waltraud Scheffen heißt es:
„Woran ich mich noch sehr gut erinnere, ist P. Lamberts großer Eifer,
durch die Kinder das Liedgut der Gemeinde zu erweitern. Fast jede
Stunde lernten wir ein neues Kirchenlied, und er ermunterte uns, laut
und kräftig mitzusingen.
Diese besondere Zuwendung zur Liturgie kam an verschiedenen Stellen
zum Tragen, z.B. in der sehr feierlichen und sorgfältigen Gestaltung
der Kar- und Osterliturgie, besonders in der Osternachtfeier mit ihrem
festlichen ‚Exsultet'. Und als durch das Zweite Vatikanische Konzil
einige wesentliche Neuerungen eingeleitet wurden (deutsche Spra-

che statt Latein, Feier der Messe um den Altar versammelt, d.h. der Priester der Gemeinde zugewandt), war es für P. Lambert ein großes Anliegen, der Gemeinde in seinen Predigten den Sinn dieser Neuerungen nahezubringen, und ich hatte damals das Gefühl, dass die Gemeinde dies zu schätzen wusste und das Neue bereitwillig aufnahm. Bei der ersten Fastenaktion ‚Misereor' Ende der 1950er Jahre engagierte sich P. Lambert in seinen Predigten der Fastenzeit, den Blick der Gemeinde über den eigenen Kirchturm hinaus zu lenken, was sich unter anderem in einem erfreulichen Spendenergebnis niederschlug, was viele Jahre in der Matthias-Gemeinde so blieb. Als es um den Neubau von Kirche und Kloster ging, sprach sich P. Lambert sehr zustimmend für die Pläne des Architekten Emil Steffann aus, wobei die Absage an alles ‚Protzige' dem Denken des Franziskus entsprach und der Kirchenraum mit den Wänden aus vielen unterschiedlichen Steinen als Symbol für die vielen unterschiedlichen Menschen gedeutet wurde."

P. Lambert wurde 1968 von Euskirchen nach Saarbrücken berufen und 1983 nach Neviges. Er verbrachte schließlich seine letzen Lebensjahre ab 1992 bis zu seinem Tod 1998 in Mönchengladbach. Über seine Euskirchener Zeit heißt es im „Totenbuch" der Kölnischen Franziskanerprovinz, dass „aus dem Rektorat Euskirchen eine richtige Pfarrei" wurde.

P. Lambert Krüssmann

Franziskaner am Emil-Fischer-Gymnasium

Die Beziehungen zwischen den Franziskanern und dem Euskirchener Emil-Fischer-Gymnasium waren seit je her besonders intensiv. Der gegenseitige Kontakt bekam durch die Franziskaner, die als Lehrkräfte am Gymnasium tätig waren, einen persönlichen Anstrich. Zu nennen sind hier vor allem P. Ladislaus Rasche und P. Dr. Waltram Roggisch.

P. Ladislaus Rasche

P. LADISLAUS RASCHE gehörte von 1944 bis 1954 zum Euskirchener Konvent. Von 1944 bis 47 war er Guardian des Klosters; aushilfsweise betreute er die Pfarrei in Niederdrees. Neben dem Aufbau und der vorläufigen Leitung des Internats ab 1948 unterrichtete er als voll ausgebildeter Gymnasiallehrer am Emil-Fischer-Gymnasium. Als Priester und Pädagoge war er gleichermaßen geschätzt.

Er stammte aus den bescheidenen Verhältnissen einer Lehrerfamilie, in der er zusammen mit 10 Geschwistern aufwuchs, war gesundheitlich beeinträchtigt und von tiefer Religiosität geprägt – zugleich aber eine weltoffene, gebildete Persönlichkeit. Eine Leidenschaft, die nicht unbedingt ´franziskanisch` zu nennen ist, blieb ihm: das Motorradfahren auf durchaus ´schnellem ` Reifen.

Zu seinen Schülern pflegte er ein außerordentliches Vertrauensverhältnis – so erinnert sich Dr. Karl Heinz Decker. Es konnte sein, dass er während einer Klassenarbeit den Klassenraum verließ, weil er seinen Schülern vertraute, dass sie nicht pfuschten. Charakteristisch für seine Person ist folgende Begebenheit: 1954 begleitete er die Unterprima des Gymnasiums auf einer mehrwöchigen Studienfahrt nach Italien – ebenso wie sein Mitbruder P. Waltram. Während dieser die ganze Zeit über korrekt im Habit als „Reiseführer" auftrat, saß P. Ladislaus während der langen Busfahrten in kurzen Hosen unter den Jungen und spielte mit ihnen Skat. Dass er in diesem Auftritt dann in Italien wegen unziemlicher Kleidung aus einer Kirche verwiesen wurde, war die Konsequenz.

Unter seiner Mithilfe wurde mit Schülern des Internats 1948 der Pfadfinderstamm der DPSG gegründet. Das Wirken von P. Ladislaus fand dann ab 1954 nach der Wiedereröffnung der Schule in Exaten dort seine Fortsetzung, während persönliche Kontakte zu einzelnen seiner Euskirchener Schüler wohl bis zu seinem Tod 1981 lebendig blieben.

Die meisten ehemaligen Schüler des Emil-Fischer-Gymnasiums aus den 50er bis Anfang der 60er Jahre werden sich an P. DR. WALTRAM ROGGISCH erinnern können. Als Latein- und Griechischlehrer war er von 1948 bis 1963 am Gymnasium tätig. Viele Schüler, die von ihm in den alten Sprachen unterrichtet wurden, haben bis heute die Grundregeln nicht vergessen. P. Waltram galt unbestritten als außerordentlich fähige und zugleich gerechte Lehrperson.

In Euskirchen war er eine weit über Kloster und Schule hinaus bekannte Persönlichkeit. Als Musiker und Musikkritiker hatte er sich einen Namen gemacht; manch einer sprach sogar vom „Musikpapst" der Euskirchener Szene, worin sich zugleich Kritik an seiner Person und seinem Auftreten widerspiegelte. Der gebürtige Euskir-

P. Dr. Waltram Roggisch

chener, Prof. Dr. Werner Kremp, weiß heute noch davon zu berichten, dass P. Waltram den Städtischen Chor unter Leitung von Josef Kluck mit Lob überhäufte, während er umso kritischer die Chorarbeit des städtischen Musikdirektors Jakob Schaeben in der Euskirchener Lokalpresse beurteilte.

Als Musiker galt er selber als glänzender Orgel- und Flötenspieler. Den Besuch der Musikhochschule in Köln hatte er mit dem Examen als Klavierlehrer, Organist und Chorleiter abgeschlossen. Er bemühte sich sehr um den Gemeindegesang und hinterließ Neubearbeitungen und auch Neukompositionen zahlreicher Lieder.

P. Waltram fand als Prediger der Sonntagsmesse um 11.15 Uhr in der Matthiaskirche großen Zulauf. Er vertrat einen entschiedenen Antikommunismus und warnte vor einem drohenden Weltuntergang. Als Theologe widmete er sich dem Werk des großen mittelalterlichen Franziskanertheologen Johannes Duns Scotus.

In der Rückerinnerung darf man ihn wohl als schillernde Persönlichkeit bezeichnen: fachlich fundiert – sowohl als Altphilologe und Pädagoge wie auch als Musikkenner, engagiert und gleichermaßen ehrgeizig, nicht unbedingt bescheiden in seinem Auftreten, ein Freund der Musen, der manche guten Dinge des Lebens – ein gutes Glas Wein, eine duftende Zigarre – nicht verachtete.

Die „Theologen"

Zwei der früheren Mitglieder des Euskirchener Franziskanerkonvents haben sich einen Namen als wissenschaftlich arbeitende Theologen gemacht. Als solche waren sie über die Kölnische Franziskanerprovinz hinaus einer breiten kirchlich-theologischen Öffentlichkeit bekannt. Die Rede ist von P. Eucharius Berbuir und P. Hermann Josef Lauter.

P. EUCHARIUS BERBUIR, mit bürgerlichem Namen Anton („Toni") Berbuir, war ein „Euskirchener Jung" von der Roitzheimerstraße, Jahrgang 1906. Er gehörte zu den Priestern, die im sogen. „Priesterseminar hinter Stacheldraht" in Chartres bis 1947 theologische Vorlesungen hielten. Nach dieser Zeit beauftragte ihn der Orden mit der Lehrtätigkeit als Fundamentaltheologe an der Ordenshochschule in Mönchengladbach (1952-1965), danach in Krefeld (1965-68) und Münster (1965 -1972). Nach seiner Emeritierung hielt er weiterhin Vorlesungen am Studienhaus St. Lambert in Lantershofen, einem überdiösesanen Priesterseminar für Spätberufene.

P. Eucharius Berbuir

Seit Herbst 1968 war er dann im Franziskanerkloster in Euskirchen zu Hause. Hier war er wegen seiner menschlichen Wärme und Ausgeglichenheit bis zu seinem Tod im März 1989 ein von vielen Menschen geschätzter Seelsorger. In seinen Predigten in der Sonntagvormittagsmesse vermochte er es, die fundierten Kenntnisse als Theologe, speziell in der Exegese, verständlich umzusetzen. Mit seiner immer leicht heiseren Stimme vermittelte er seinen Zuhörern Einblick in und Verständnis für die moderne theologische Gedankenwelt mit ihrer deutlichen Orientierung an der Heiligen Schrift. – Es ist ein Leichtes, sich im Internet unter der Eingabe „Eucharius Berbuir" einen Überblick über sein reiches, theologisches Schaffen in zahlreichen Publikationen zu verschaffen.

Br. Franz-Leo Barten verabschiedete am 15. August 2007 den verstorbenen Mitbruder P. HERMANN-JOSEF LAUTER. Deutlich zeichnete er die menschliche Seite des Verstorbenen nach und erinnerte eindrücklich an dessen theologische Grundgedanken:

> „Wir werden Dich vermissen in unserer Gemeinschaft (…). Deine ‚kölsche Art' unter uns zu leben und mit uns zu wirken. Wie oft haben wir miteinander gelacht. Wie gerne hast Du Witze aus der kölschen Heimat erzählt. Wie viele Konflikte – und schwierige oder auch manchmal brenzlige Situationen – hast Du entschärft durch deine humorvolle Art. Wir werden Dich vermissen, Deine brüderliche Art unter uns zu leben.

Dein Wissen, Deine Belesenheit und immer wieder Deine Lust an der Theologie, an der Verkündigung, an Fragen der Zeit (…).

Wir können nicht einfach so vom Himmel reden, würdest Du mir sagen. Da gibt es auch noch so etwas wie Gericht. Da gibt es auch noch diese breite Kluft der Schuld von uns Menschen zwischen uns und Gott. Du hast es uns immer wieder an den Extremen deutlich gemacht. (…) Die Erfahrungen aus der Nazizeit im Zweiten Weltkrieg, die Du in Deiner Jugend noch bewusst miterlebt hast. Sie haben Dich im Alter noch einmal stark beschäftigt. Wie konnte Gott das zulassen? Und was dürfen wir Menschen erhoffen, die solche Schuld auf sich geladen haben, wie damals geschah und wie seitdem so oft geschieht. Nein, das kann der Mensch nicht aus eigener Kraft überwinden. Da muss Gott selbst den Lösepreis zahlen, da muss Gott selbst Sühne leisten! (…) Jesu Tod am Kreuz, sein Sterben für uns Menschen, dass er die Sühne für uns Menschen leistet, das war für Dich der Dreh- und Angelpunkt Deines theologischen Denkens und Deines Verkündigens".

H.-J. Lauter wurde 1926 in Köln geboren, trat 1947 in den Franziskanerorden ein, wurde 1954 zum Priester geweiht und wirkte etliche Jahre als Exerzitienmeister und in der Priesterseelsorge. Kardinal Höffner berief ihn 1974 als Dozent für Homiletik an das Kölner Priesterseminar, wo er 1978 zum Subregens ernannt wurde. Aufgrund seiner anerkannten theologischen Kompetenz wurde er 1981 mit der Schriftleitung des Pastoralblattes betraut, die er bis 1996 ausübte. Diese Aufgabe entsprach seiner persönlichen Begabung: Er vermochte es, die Entwicklung der wissenschaftlichen Theologie für die Seelsorger in

P. Hermann-Josef Lauter

der Praxis verständlich darzustellen und die pastoralen Problemstellungen seiner Zeit zur Diskussion zu stellen.

Die umfangreiche Briefkorrespondenz, die er mit vielen namhaften deutschsprachigen Theologen führte, entsprach seiner Kontaktfreudigkeit und seinem Wissensdrang. Bis kurz vor seinem Lebensende gehörte Josef Ratzinger, Präfekt der Glaubenskongregation und heutiger Papst Benedikt XVI, zu seinen regelmäßigen Briefpartnern. Nach seiner Emeritierung 1996 fand er im Euskirchener Franziskanerkloster ein neues Zuhause. Neben der Fortführung seiner vielfältigen theologischen Arbeiten war er als Seelsorger für viele Menschen in der Gemeinde St. Matthias ein geschätzter Gesprächspartner. Sein klarer Geist, seine kirchlich loyale – dabei nicht unkritische – Frömmigkeit, seine gesunde persönliche Einstellung zwischen bewahrend und fortschrittlich, ließen ihn zum Wegweiser für viele Menschen werden. Bibel- und Klostergespräche erlebten viele als Ort des Austauschs mit P. Hermann-Josef und seinen theologischen Gedanken.

In den letzten Lebensjahren, gezeichnet von einem schweren Schlaganfall, wuchs mehr und mehr sein Wunsch, das endlich schauen zu dürfen, woran er im Leben geglaubt hatte: die Nähe seines himmlischen Vaters. So starb er am 12. August 2007 im Altenheim in Euskirchen, umgeben von seinen Mitbrüdern.

Brüder im Euskirchener Franziskanerkloster[4]

Die rückblickende Beschreibung des Franziskanerklosters in der Euskirchener Südstadt wäre unvollständig, ohne an die Brüder zu erinnern. – Für die heutigen Leser bedarf es einer Erklärung: Seit einigen Jahren sind wir gewohnt, von Bruder Franz-Leo, Bruder Tobias oder Bruder Markus zu sprechen. Ursprünglich bezeichneten sich alle Franziskaner als Brüder. Die spätere Klerikalisierung im Orden führte dann zur Unterscheidung zwischen „Patres" (Priestermönchen) und „Brüdern" (Ordensmitglieder ohne Priesterweihe).Erst in jüngster Zeit erfolgte eine Rückbesinnung auf die horizontal brüderliche Beziehungsstruktur des Ordens. Aus „Patres" wurden wieder „Brüder". Im Folgenden geht es aber um die Laienbrüder im Kloster, d.h. diejenigen Franziskaner, die keine Weihe empfangen haben.

Während die Priester – also die „Patres" – sich vor allem um die seelsorglichen Aufgaben der Franziskaner in der Pfarrei, in der Stadt und darüber hinaus kümmerten, versahen die „Brüder" die Dienste, die den Bestand und das Funktionieren des Klosters sicherten. Ohne ihre Arbeiten in Haus und Garten hätten weder das Kloster noch die Kommunität der Franziskaner bestehen können. So finden wir sie als Gärtner, Schneider, Köche und Bäcker, als Krankenpfleger oder Mitarbeiter in der Verwaltung des Klosters, als Sakristane und Pförtner. So erinnert man sich vielleicht noch an Bruder Michael Cebulla, der von 1966 bis zu seinem Tod 1981 mit seiner ruhigen, stillen, aber zugleich freundlichen Art als Sakristan und Pförtner im Euskirchener Kloster wirkte. Oder an Bruder Alexander Gey, der nicht nur als Pförtner tätig war, sondern auch noch mit dem VW-Bulli über die Dörfer zum "Kötten" fuhr. Er wurde auch „Kaleu" genannt, weil er wohl während des 2. Weltkriegs in der Kriegsmarine gedient hatte. Andere Brüder werden schon weitgehend in Vergessenheit geraten sein: Bruder Sebastian Hennecke, Schneider von 1954 bis 1956, Bruder Oderikus Quinders und Bruder Onesimus Terschlüssen, beide als Köche in den 50er Jahren, oder Bruder Augustinus Amedick und Bruder Ferdinand Keller, der von 1935 bis zu seinem Tod 1954 im Euskirchener Kloster lebte und dort als Gärtner und Pförtner tätig war. Seitdem der Nachwuchs unter den Laienbrüdern mehr und mehr nachließ, mussten diese Aufgaben von weltlichen Angestellten übernommen werden.

An die man sich gerne erinnert

Die hier zusammengetragenen Erinnerungen blieben unvollständig, wenn nicht weitere Franziskaner, die als Hausobere, als Kaplan oder einfach als Mitglieder des Euskirchener Konvents gewirkt haben, unerwähnt blieben. – Es sei nochmals gesagt, eine vollständige, lückenlose Aufzählung kann hier nicht geleistet werden.

P. Paschalis Ruez

Bereits im Jahr 1950 war P. PASCHALIS RUEZ für einige Monate Pfarrrektor von St. Matthias. Er kehrte von 1953 bis 1959 nach Euskirchen als Hausoberer zurück. In diese Zeit fiel die Renovierung der Klosterkirche, die von ihm tatkräftig unterstützt wurde. Nach einer Zwischenzeit in Neviges und Marienthal wurde er dann wieder von 1971 bis 1977 Guardian des Klosters in der Euskirchener Südstadt. In dieser Phase war er u.a. Bezirkspräses der Schützenbruderschaften und Seelsorger in Frauenberg. Das Verhältnis zwischen Kloster und Pfarrei lag ihm besonders am Herzen. In einem Beitrag der Franziskanerzeitschrift „Rhenania Franciscana" (1973) schreibt er:

> „Nicht selten wird die Frage nach der Bedeutung und der Ausstrahlungskraft des Franziskanerklosters in Euskirchen gestellt. Unbestritten erfährt die Gottesdienstgestaltung und der Predigtdienst in der Pfarrkirche St. Matthias durch die Mitwirkung aller Mitbrüder im Kloster eine Bereicherung (…) Pfarrseelsorge ist mehr als nur Gestaltung des Gottesdienstes. Ob nicht das vielgerühmte Modell eines Pfarrklosters als Teamwork mehr als nur diskutiert werden sollte? Die Frage nach dem gezielten Einsatz der Mitbrüder in der Pfarrseelsorge bleibt offen (…) Es hat sich im Laufe der Jahre herausgestellt, daß die Inanspruchnahme des Klosters durch Besucher weit hinter der Pfarrei zurücktritt (…) Ob eine gemeinsame, dem Kloster gemäße Aufgabe gefunden werden kann, wird am Ort diskutiert. Eine Antwort kann zur Zeit noch nicht gegeben werden."[5]

Nach seinem Tod 1978 infolge mehrerer Schlaganfälle heißt es in einem Nachruf der Pfarrmitteilungen:

> „Wenn wir als Pfarrgemeinde etwas zu P. Paschalis sagen dürfen, so sind es sicher Empfindungen herzlicher Zuneigung. Seine stete, gleiche, herzlich freundliche Art machte ihn zu einem angenehmen Gegenüber. Nie hat er jemanden bedrängt. Seine absolute Diskretion war wohltuend. Seine Zeichen von Freundschaft setzte er sehr einfach und

deutlich. Er hat in all den Jahren eine bewußte Bindung des Klosters zur Pfarrei gepflegt, nicht nur, wenn er hier einmal einen guten Trunk für dieses Gremium stiftete oder den Kirchenchor mit einem Berg von Hähnchen überraschte. Es war mehr; er suchte der Tatsache, daß wir eine Klostergemeinde sind, dadurch Rechnung zu tragen, daß er die Gemeinde am Innenleben des Hauses teilnehmen ließ in Gottesdiensten, aber auch durch das Mitleben des klösterlichen Alltags. Wie viele Feste und Feiern haben wir im Innenhof und den Räumen des Klosters feiern dürfen. Wir haben ihm viel zu danken für Zeichen von Güte und Humor. Das wollen wir tun, indem wir ihn weiterhin bei uns wissen."

P. EKKEHARD MÜLLER war von 1959 bis 1968 Guardian im Euskirchener Kloster. Es war eine Zeit, die viele Veränderungen und Neuerungen mit sich brachte – für das Franziskanerkloster, für die Pfarrei und darüber hinaus. Es war die Zeit des 2. Vatikanischen Konzils (1962-65), die Zeit der Planung und des Neubaus von Kirche und Kloster in der Südstadt.

P. Ekkehard Müller

Aus eigenem Erleben weiß ich, wie offen und selbstverständlich die Franziskaner mit ihrem Guardian an der Spitze sich auf das neue theologische Denken einließen und wie sie mit den liturgischen Reformen des 2. Vatikanischen Konzils im Frühjahr 1965 umgingen. Während andernorts noch mühsam überlegt wurde, wie man die Anweisungen des Konzils übernehmen konnte, war der Altarraum der Klosterkirche pünktlich zum 1. Fastensonntag, dem Tag der Einführung der „Kleinen Liturgiereform", neu gestaltet und entsprach den neuen Anforderungen. In der Woche davor – ich war damals Aushilfsküster in der Martinskirche – hielt P. Ekkehard dort die Schulmesse für die Berufsschule. Im „vorauseilendem Gehorsam" benutze er schon den Schott, das deutschsprachige Messbuch, und betete die Orationen auf Deutsch. Nach dem Gottesdienst sah der damalige Pfarrer von St. Martin, Leo Odenthal, den Schott auf der Anrichte der Sakristei liegen und schimpfte: „Hat der Pater Ekkehard etwa den Schott benutzt? Das darf er noch gar nicht. Das ist doch erst ab nächsten Sonntag erlaubt!"

Mit seiner ausgeglichenen, ruhigen Art war P. Ekkehard ein gefragter Beichtvater. – Die Franziskanerkirche war damals von vielen Christen in der Stadt und aus der Euskirchener Umgebung als Beichtkirche außerordentlich geschätzt. Im Totenzettel von P. Ekkekard, er starb am 12.6.1969, lesen wir: „Mit Umsicht und Klarheit begabt, wurde er (…) mit dem Amt des Hausoberen betraut, so in Köln, Mönchengladbach und zuletzt in Vossenack. Wiewohl durch Krankheit in seinem Wirken behindert, versagte er sich doch keinem Auftrag und Dienst der Brüdergemeinschaft (…) Er war stets bestrebt, als Oberer ein Bruder den Brüdern zu sein."

P. Rembert Röös

Als Kaplan in der Gemeinde St. Matthias, später als Pfarrverweser in Billig und Roitzheim, wirkte von 1959 an P. REMBERT RÖÖS. Außerdem war er Ökonom und Vikar des Klosters. Als flotter Autofahrer in der ganzen Gemeinde bekannt, trug ihm das den Spitznamen „Rennpäd" ein. Dies war zugleich eine Anspielung auf seine „schnellen" Messen.
Vermutlich sind die Jahre, die er im Reichsarbeitsdienst, anschließend in der deutschen Wehrmacht und schließlich in harter russischer Kriegsgefangenschaft verbringen musste, nicht spurlos an ihm vorüber gegangen. Die letzten Monate seines Lebens bis zu seinem Tod am 27. November 1984 waren von schwerer Krankheit gezeichnet. Beerdigt wurde er neben seinen Mitbrüdern auf dem Euskirchener Friedhof.

P. Ausgustin Honecker

P. AUGUSTIN HONECKER, geb. 1933, stammte aus einfachen Verhältnissen einer Familie in Duisburg. Schon früh hatte er seinen Vater verloren. Seine Mutter hielt die Familie mit einer Hausmeistertätigkeit im Pfarrvereinshaus, vermittelt durch den Kaplan Julius Angerhausen, später Weihbischof in Essen, mühsam über Wasser. 1958 trat er in den Orden der Franziskaner ein, war von 1965 bis 68 in Neviges, danach 13 Jahre lang in Remagen. 17 Jahre wirkte er dann im Franziskanerkloster Euskirchen, von 1983 bis 1986 als Guardian. Viele Jahre lang litt er an Herzproblemen und stand ständig unter ärztlicher Obhut. Dies ließ ihn aber keineswegs seinen ihm eigenen Humor verlieren. „P. Augustin behielt seinen schalkhaften Humor noch am Tag seines Sterbens, als er im Kreis seiner Mitbrüder saß und ohne Nöte sein Leben aushauchte" (Totenzettel).
Seine kurzen, aber prägnanten Predigten waren in der Gemeinde St. Matthias sehr beliebt. Dank und Anerkennung nahm er bescheiden schmunzelnd entgegen. Charakteristisch für seine humorvolle Art des Umgangs mit anderen ist folgende Begebenheit, an die sich die damalige Vorsitzende des PGR, Ulla Werner, erinnern kann:

„,Pater Augustin, wohin fahren Sie denn dieses Jahr in den Ferien?' Seine kurze, wie immer präzise Antwort: ,Ich fahre nach Südamerika, nach Chile.' Meine erstaunte Rückfrage: ,Ausgerechnet nach Chile? Was machen Sie denn da?' Und dann die Aufklärung in seiner typischen, ironisch-humorvollen Art: ,Tja, ich muss mal Tante Margot und Onkel Erich besuchen.' Verständnislos und fragend stehe ich vor ihm. Seine kurze Erklärung: ,Erich und Margot Honecker!' Ich hatte verstanden."

Einer der bekanntesten Franziskaner, die in den letzten Jahren zum Euskirchener Konvent gehört haben, ist P. ARNO SCHMIDT. Er wurde 1935 in Kall geboren. Ein Leben lang ist er seinen Wurzeln als „Eifeler Jung" treu geblieben. 1959 trat er in den Orden ein und war nach seiner Priesterweihe 1965 in Exaten, Vossenack und Hermeskeil tätig. 1975 kam er nach Euskirchen, wo er bis zu seinem Lebensende 2003 fast 30 Jahre lang zu Hause war. Hier übernahm er verschiedene Aufgaben: Kaplan, Pfarrverweser, Subsidiar. 1981 wurde er dann Standortpfarrer im Nebenamt, verantwortlich für die Seelsorge an den Bundeswehrangehörigen und ihren Familien in verschiedenen Kasernen in Euskirchen und in benachbarten Standorten.

P. Arno Schmidt

Er beeindruckte die Menschen, denen er begegnete, durch seine Einfachheit, Bodenständigkeit und Direktheit, durch seinen Humor und seine unkomplizierte Sprache. Unzählige Taufen und Hochzeiten hat er in dieser Zeit gehalten, viele Menschen suchten bei ihm gerne Rat und Hilfe. Er war das, was man umgangssprachlich unter einem „Leutepriester" versteht.

So lag es nahe, dass sich P. Arno in der Arbeit im sozialen Brennpunkt Rosental intensiv engagierte. Hier war er immer wieder persönlich präsent. Die Begegnungen mit den einfachen Leuten lagen ihm. Er vermochtes es, sie unmittelbar anzusprechen. Regelmäßig feierte er mit ihnen einmal im Monat und an hohen Festtagen die heilige Messe.

Die Volkstümlichkeit und das große Vertrauen, das P. Arno den Menschen entgegenbrachte, kamen entsprechend zum Ausdruck: Er war Bezirkspräses der Historischen Deutschen Schützenbruderschaften im Bezirksverband Euskirchen und Gardekaplan der Euskirchener Prinzengarde. Weithin bekannt und beliebt waren seine „Messen op Platt", die er zu verschiedenen Anlässen feierte. Hier konnte er seine geliebte Muttersprache auch im Gottesdienst einsetzen. Es ist kaum einzuschätzen, wie viele Menschen er damit erreichte, die ansonsten eher ein distanziertes Verhältnis zur Kirche und zum christlichen Glauben hatten.

Auch als Kurat der Euskirchener St. Georgspfadfinder wirkte er in der unmittelbaren Seelsorge an jungen Menschen. Der damalige Stammesführer Paul Bungartz erinnert sich:

> „Pater Arno konnten wir immer ansprechen, wenn z. B. im Pfadfinderlager eine Messe gehalten werden sollte, wenn bei einem Pfadfinderfest auf der Wiese in der Stadt ein Gottesdienst geplant war, wenn die Pfadfinder eine etwas ausgefallene Christmette planten. Ihm war kein Dienst zu viel, er war immer bereit, an Feiertagen zusätzlich mit uns die Eucharistie zu feiern. Oft hat er nach einem religiösen Gespräch in der Leiterrunde der Pfadfinder mit uns die Messe gefeiert. Als Altar diente ihm ein einfacher Schemel. Er war eben ein Pfundskerl."

Etliche Anekdoten über P. Arno werden heute noch erzählt.[6] Ein Beispiel:

> „Pater Arno hatte in der Urlaubszeit seiner Mitbrüder oft die Pflicht, zwei Gottesdienste an einem Sonntag in St. Matthias zu halten. In der Zeit, als die Sitten des Körperschmucks immer mehr in den Vordergrund traten, entdeckte Arno einen männlichen Ministranten, der einen Ohrring trug. An jenem Sonntag war P. Arno aufgrund der zeitlich nah beieinander liegenden Gottesdienste früher als sonst in der Sakristei und hatte so Gelegenheit, den Ohrring des Messdieners in Augenschein zu nehmen. Kurz vor der Messe, nach intensiver Begutachtung des Ohrringes, entwich ihm folgender Satz: ‚Häss Du en Preis jewonne?' Verwundert sagte der Messdiener: ‚Nein, warum?' Arno konstatierte:

Pater Arno griff in die große Lostrommel

‚Bei os en Kall hatte m'r Ochse, on wenn die em Wettbewerb jewonne hatte, han die och emmer en Ring dörch et Uuhr jetrocke bekomme!' (Bei uns in Kall hatten wir Ochsen, und wenn die mal in einem Wettbewerb gewonnen hatten, bekamen die auch immer einen Ring durch das Ohr gezogen!)."

Zu seinem Leben gehörten aber auch Brüche und Krisen. Krankheit musste er nicht nur am Ende seines Lebens ertragen. Diese schweren Erfahrungen haben ihn aber nie an seinem Glauben irre werden lassen, vielmehr hatte man den Eindruck, dass er dadurch in seinem Glauben gestärkt und gefestigt worden ist. So wirkte er in vielen Gesprächen und Predigten unbedingt glaubwürdig und authentisch, weil er aus eigener Erfahrung sprechen konnte.

In Erinnerung geblieben ist auch dieser – für seinen Humor typische – Ausspruch: „Mo mooß fröh sterven, dann kunn de Lökk och opp die Beerdijung."

Hierzu passt eine weitere der vielen Anekdoten, die über ihn erzählt werden: „Selber schon todkrank, zelebrierte er Ende 2003 die Exequien für den bekannten Euskirchener Chirurgen, Dr. Ludwig Hermans. Gezeichnet von seiner eigenen Krankheit, nahm er im Messgewand kurz vor Beginn des Gottesdienstes in der Sakristei Platz und bemerkte, an die Messdiener gewandt: „Männ, ich han jedröümp! Ich hann jedröümp, dat Ludwig at ovve es. On ich han jedröümp, dat dä Chef zo mir jesaht hät: Ich hann och at en Zimmer für Dich tapeziert!' Die Einwände, dass er sicherlich noch viel zu tun hätte in Euskirchen, und dass sein Sterben noch weit weg sei, ignorierte Arno mit einem gütigen Lächeln. Drei Wochen später wurde in derselben Kirche das Requiem für ihn gefeiert."

P. Arno starb in relativ frühem Alter mit 68 Jahren am 22. November 2003. Das beeindruckende Begräbnis auf dem Euskirchener Friedhof ließ keinen Zweifel daran aufkommen, dass „de Lökk och opp de Beerdijung kunn".

Man könnte noch Seite um Seite mit Erinnerungen füllen. Da wären z. B. noch weitere Hausobere zu nennen, z.B.: P. Osmund Linden (1950-1953), P. Wilfried Busenbender (1968-1971), P. Antonellus Engemann (1977-1980), P. Lutwin Krämer (1980-1983), P. Robert Jauch (1992-1995) und P. Frank Peters (2004-2005). Oder die Franziskaner, die als Kaplan in St. Matthias gewirkt haben: P. Elmar Schmid, P. Heinrich Breuer, P. Georg Scholles, P. Christoph Mingers, P. Martinus Gemünd oder P. Theresius Jaax. Dabei bleiben immer noch etliche Mitglieder des Konvents unerwähnt. Vielleicht werden aber auch Erinnerungen wach an die, die hier nicht genannt sind.

Es sollten auch diejenigen genannt werden, die aus der Pfarrei St Matthias oder aus Euskirchen stammend, Franziskaner geworden sind: Gerold (Josef) Schmitz, Ulrich Gellert, Gereon (Klaus) Kübel, Ottmar (Günter) Feilen.

Zu erwähnen ist auch die örtliche Gruppe der „Franziskanischen Gemeinschaft" (früher: „Dritter Orden"). Hierzu gehören Frauen und Männer, verheiratet oder ehelos, darunter auch Ordensschwestern, die außerhalb eines Franziskanerkonvents leben. Sie orientieren sich am Vorbild des heiligen Franziskus und versuchen, in ihrem Leben seinen Fußspuren nachzufolgen. Bei ihren regelmäßigen Treffen tauschen sie sich über Themen des Glaubens aus, pflegen das gemeinsame Gebet und feiern miteinander Gottesdienst. In der Regel werden sie von einem Mitglied des Franziskanerordens geistlich-spirituell begleitet. In Euskirchen war zuletzt Br. Georg Scholles bis 2010 für diese Aufgabe verantwortlich.

Anmerkungen

1 www.franzsikaner.de:Franziskanisch-Leben.
2 Leonardo Boff, Zärtlichkeit und Kraft. Franz von Assisi mit den Augen der Armen gesehen, Düsseldorf 1983, 148.
3 Stefan Federbusch OFM, Elemente franziskanischer Spiritualität, Nr. 9,www.infag.de.
4 Vgl. den entsprechenden Abschnitt in: H. Schmitz, a.a.O., S. 20.
5 Rhenania Franciscana 26 (1973), Heft 1, S. 189.
6 Der frühere Hilfsküster Stephan Winand hat Anekdoten über P. Arno und andere Franzisaner gesammelt und aufgezeichnet.

Quellen

- Aufzeichnungen nach Gesprächen mit Gertrud Rogmans, Dr. Karl-Heinz Decker, Prof. Dr. Werner Kremp und Klaus Thiel.
- Schriftliche Aufzeichnungen von Josef Embgenbroich.
- Unsere Toten. Totenbuch der Kölnischen Provinz von den Heiligen Drei Königen, hg. von Edmund Kurten OFM und Herbert Schneider OFM.
- Totenzettel: P. Hildebrand Vaasen, P. Jakobus Wallenborn, P. Dr. Waltram Roggisch, P. Eucharius Berbuir, Br. Michael Cebulla, P. Ekkehard Müller, P. Rembert Röös, P. Augustin Honecker, P. Arno Schmid.

Schlussbetrachtung –
Unter dem Damianokreuz

In der Werktagskapelle der Matthiaskirche: Hier wird ein- oder zweimal in der Woche Eucharistie gefeiert, hier wird regelmäßig an zwei Tagen in der Woche die Vesper gebetet, hier trifft man sich am Mittwochabend zum Offenen Abendgebet. Der halbdunkle Raum mit seinen Wänden aus rohen Bruchsteinen vermittelt ein Gefühl der Geborgenheit und des Aufgehoben-seins. Er lädt ein zur Stille, zum Hinhören auf die leisen Töne, zur Offenheit auf das Verborgene und die eigene Innerlichkeit. Der Blick richtet sich unwillkürlich auf das Gitter zwischen der Kapelle und dem Altarraum. Dort hängt in der Mitte neben einer Marien- und einer Franziskusikone das Damianokreuz. Es zeigt Christus nackt am Kreuz in menschlicher Armut. Hier begegnen wir nicht dem allmächtigen Weltenherrscher, sondern dem leidenden Menschen. Wir stehen vor Christus als dem Freund der Armen.

Vor diesem Kreuz betend und meditierend, in der halb zerfallenen Kapelle von San Damiano, hat Franziskus seine Berufung erfahren. Sein Weg führte ihn zu Christus, dem er in den Armen, Ausgestoßenen und Leidenden begegnet. So wie Gott in Christus unser Bruder geworden ist, so wird Franziskus zum Bruder der Menschen. Sein Leben ist Nachfolge Christi im Dienst an den Schwestern und Brüdern.

Das Charisma des Bruders Franz lebt fort in seinen Brüdern, die sich der Gemeinschaft der „minderen Brüder" angeschlossen haben. Diese Spur führt bis in unsere Zeit und in unsere Stadt. Die Brüder des Franziskus haben unter uns gelebt und auf je verschiedene Weise Zeugnis gegeben für die Menschenfreundlichkeit des Heiligen aus Assisi. Im Umfeld des Franziskanerklosters in der Euskirchener Südstadt haben wir etwas von diesem Geist wahrnehmen und erfahren können. Beten und hoffen wir, dass auch nach dem Abschied der Franziskaner aus Euskirchen Spuren davon lebendig bleiben.

Als „Gebet vor dem Damianokreuz"[1] sind uns diese Worte überliefert:

> „Du, lichtvoller über allem,
> erleuchte alles Finstere in meinem Herzen
> und gib mir einen Glauben, der weiter führt,
> eine Hoffnung, die durch alles trägt,
> und eine Liebe, die auf jeden Menschen zugeht,
> Gespür und Erkenntnis,
> Herr, dass ich
> Deinen heiligen und wahrhaften Auftrag erfülle.
> Amen."

Anmerkung

1   Martina Kreidler-Kos/Nikolaus Kuster, Christus auf Augenhöhe. Das Kreuz von San Damiano, topos taschenbücher, Bd. 664, S. 59.- Dieses Bändchen gab den Anstoß zu der Schlussbetrachtung.

Abbildungsnachweis

Archiv der Kölnischen Franziskanerprovinz (AKF)

S. 15, 19, 21, 22, 24, 31, 32, 33, 34, 37, 38, 40, 43, 44, 45
S. 90, 120, 124, 125, 126, 127, 129, 130, 131, 132

Pfarrarchiv St. Martin Euskirchen, Bestand St. Matthias (PfA)

S. 49, 50, 51, 54, 56, 60 r., 64, 70, 71, 73
S. 81, 84 u., 85, 86, 87, 88, 92, 95 u., 103, 123 r., 133

Private Leihgeber:

B. Klein S. 121
K. Grypstra S. 76, 98, 109 o.
F. R. Helmke S. 95 o.
W. Jacobs S. 69, 70 o.l., 74 o.l., 75, 77, 117, 137, 139
Br. Markus S. 109 u.
K. Sina S. 84 o., 96, 113
W. Scheffen S. 123 l.
R. Weitz S. 17, 60 l., 66, 67, 68, 72, 74 u., 78 und Einband

Abkürzungen: l. = links, r. = rechts, o. = oben, u. = unten

Autoren

- Reinhold Weitz, Dr. phil.,

Selbachstr. 11, 53879 Euskirchen -
Studiendirektor a.D., Verfasser zahlreicher Veröffentlichungen zur örtlichen und regionalen Geschichte

- Ernst Werner,

Dr.-Friedeberg-Str. 18, 53879 Euskirchen -
Dipl.-Theologe, langjährige hauptberufliche Tätigkeit im kirchlichen Dienst